É preciso
CORAGEM
PARA VOAR

DEIVERSON MIGLIATTI

FUNDADOR DA **STERNA CAFÉ**

É preciso CORAGEM PARA VOAR

Como a **liberdade de empreender** criou a maior rede de cafeterias premium do Brasil

SÃO PAULO | 2023

LVM EDITORA

Copyright © 2023 — Deiverson Migliatti

Os direitos desta edição pertencem à LVM Editora, sediada na
Rua Leopoldo Couto de Magalhães Júnior, 1098, Cj. 46 - Itaim Bibi
04.542-001 • São Paulo, SP, Brasil
Telefax: 55 (11) 3704-3782
contato@lvmeditora.com.br

Gerente Editorial | Chiara Ciodarot
Editor-Chefe | Marcos Torrigo
Preparação dos originais | Mariana Diniz Lion
Revisão ortográfica e gramatical | Laryssa Fazolo
Capa | Mariangela Ghizellini
Projeto gráfico | Mariangela Ghizellini
Diagramação | Décio Lopes

Impresso no Brasil, 2023

Dados Internacionais de Catalogação na Publicação (CIP)
Angélica Ilacqua CRB-8/7057

M163e	Migliatti, Deiverson
	É preciso coragem para voar: como a liberdade de empreender criou a maior rede de cafeterias premium do Brasil / Deiverson Migliatti; São Paulo: LVM Editora, 2023.
	144 p.
	ISBN 978-65-5052-086-1
	1. Migliatti, Deiverson – Autobiografia 2. Empreendedorismo 3. Café
I. Título
23-2329	CDD 923.8

Índices para catálogo sistemático:

1. Migliatti, Deiverson – Autobiografia

Reservados todos os direitos desta obra.

Proibida a reprodução integral desta edição por qualquer meio ou forma, seja eletrônica ou mecânica, fotocópia, gravação ou qualquer outro meio sem a permissão expressa do editor. A reprodução parcial é permitida, desde que citada a fonte.

Esta editora se empenhou em contatar os responsáveis pelos direitos autorais de todas as imagens e de outros materiais utilizados neste livro. Se porventura for constatada a omissão involuntária na identificação de algum deles, dispomo-nos a efetuar, futuramente, as devidas correções.

*Cada dia, cada hora e cada minuto
merecem ser apreciados.*

— **John Grogan**

POLICIA DE INVESTIGACIONES
CONTROL MIGRATORIO
ENT 3 1 AGO 07
124
CHILE
THE HASHEMITE KINGDOM OF JORDAN
2 2 SEP 2007
ARRIVAL
Q.A.I.A.
28 OCT 2006
3 1 OCT 2006
SALIDA
DEPT.
2 5 SEP 2007

Sumário

- **9** | Apresentação
- **11** | Prefácio
- **15** | Introdução
- **21** | Um pássaro para voar
- **27** | Quem é Deiverson Migliatti?
- **45** | Voltas ao mundo

- **61** | **O que vi nos países que visitei**
  - África | 61
  - Oceania | 62
  - América do Norte | 64
  - América Central | 65
  - Oriente Médio | 66
  - América do Sul | 68
  - Europa | 69
  - Ásia | 73

- **77** | **Entrando no mundo das franquias**
  - Antes de escolher uma marca | 81
  - Mapeie o território antes de abrir uma loja | 83
  - A propaganda e o marketing numa rede como a Sterna Café | 83
  - Empreender em uma cidade como São Paulo: o que há de positivo e quais as dificuldades para quem sonha com isso? | 84
  - Uma oferta pessoal | 86
  - Humanize a sua atividade | 86
  - Mantenha o padrão de qualidade em alta | 87

　　　　Atenda às expectativas dos clientes | 88
　　　　Esteja aberto ao novo | 89
　　　　Outras experiências não tão boas | 90

93 | De fracassos também entendemos

105 | Os sinais e as lições de sucesso
　　　　Fundo de investimento | 105
　　　　A gestão | 107
　　　　A despeito da conjuntura econômica | 109
　　　　O planejamento | 110
　　　　Obviamente, seja criativo | 112
　　　　Certezas | 114
　　　　Segredo para começar? Ter informação | 114
　　　　Mude o seu mindset | 115
　　　　Família: empreendedor, não descuide da sua | 116
　　　　Uma Porsche | 117

121 | O café na minha vida
　　　　Oportunidade para a cadeia
　　　　produtiva menos visível | 123
　　　　Café com qualidade comprovada | 125

129 | Conclusão

133 | Os mandamentos do "cara do café"
　　　　10 mandamentos da vida | 133
　　　　10 mandamentos de um negócio rentável | 135

137 | Posfácio
139 | Agradecimentos

Apresentação

O que nos move, como seres humanos? Eu acredito que são as boas histórias.

Ao ler e ouvir jornadas de superação, emoção e vitórias, a gente fica com aquela sensação de que tudo é possível nas nossas próprias caminhadas pela vida. E, ao saber das derrapadas e perrengues, aprendemos demais.

Assim é a trajetória do Deiverson Migliatti, que vocês acompanharão nas próximas páginas. De um começo de vida sem grandes atalhos, fez questão de que isso jamais fosse obstáculo na busca pelos seus sonhos. Ele correu atrás, no bom português. Não se conformou quando a vida lhe pregou peças e, persistente, descobriu que a veia empreendedora estava lá. De estagiário numa empresa de varejo, construiu um negócio de milhões que agora está por todo o Brasil: a Sterna Café.

Mas nada foi simples como pode parecer. Erros, acertos, dúvidas, falência e recomeço. Tudo que uma boa trama da vida empresarial pode entregar está aqui. O ponto central é que o Deiverson nunca desistiu. Apesar das dificuldades, seguiu em frente em busca dos seus sonhos. De uma ideia relativamente simples, servir cafés especiais de qualidade, nasceu um *business* encorpado, que conta hoje com mais de 75 unidades em 8 estados do país.

Esta é uma história de sucesso, mas também uma lição de vida para aqueles que, como eu, acreditam que é possível, sim, começar do zero. Ou recomeçar, quantas vezes for necessário.

Com toda a convicção de que chegaria longe, o Deiverson é daqueles brasileiros que "vão lá e fazem" e, nessa estrada longa e tortuosa do empreendedorismo, deixam um legado que inspira as pessoas. Neste livro, essa história está muito bem contatada e, espero, emocione você leitor como emocionou a mim.

Bora pra cima, porque é possível sempre querer mais e melhor, e fazer acontecer! O Deiverson é a prova disso.

— **Caito Maia**
Fundador da *Chilli Beans*

Prefácio

Eu comecei a empreender muito jovem, aos dezessete anos de idade. Peguei um antigo catálogo da minha mãe, Vilma, que tinha uma distribuidora e muitas revendedoras de catálogos, e vendi de porta em porta. Eu consegui uma encomenda de 2 mil ovos de páscoa de 50 gramas. Ao fazer o pedido com o fabricante, descobri que aquele produto não fazia mais parte de seu portfólio e que ele não conseguiria me atender.

Aquela situação me deixou bastante desconfortável e lamentei não poder honrar o compromisso. Ali se apresentava o meu primeiro desafio e, então, tive a ideia de produzir os ovos por minha conta e risco. Na loja aonde fui para comprar a matéria prima, visando produzir por conta própria a encomenda, encontrei um anjo dentre tantos que já conheci nessa caminhada, chamado Dona Cleusa. Ela se dispôs em me ajudar nessa empreitada. Depois de três dias de trabalho árduo, muita vontade, sorrisos e alegria, nós honramos o compromisso e a descoberta de uma doce profissão: assim renascia a Cacau Show.

Esse foi um dos encontros com pessoas especiais que tive ao longo do meu caminho. Depois disso, a nossa *Cacauzinha* cresceu. Me especializei fazendo cursos de *chocolatier* na Bélgica e de gestão administrativa. Com o tempo, abrimos a nossa primeira loja e chegamos às mil. Hoje, estamos com quase quatro mil lojas espalhadas pelo Brasil, somos a maior rede de chocolates finos do mundo e a maior franqueadora do país, segundo o *Ranking ABF*.

Esses indicadores são importantes para reconhecer o trabalho maravilhoso que o universo Cacau Show possui. Eu tenho muito orgulho da equipe incrível que compartilha do mesmo sonho e realiza o trabalho comigo, na mesma intensidade!

Mais importante do que as adversidades, são as nossas reações a elas. Saber transformar adversidades em oportunidades foi e tem sido um grande ganho que temos adquirido.

Nesse brevíssimo panorama da minha história, vejo muita sinergia com a história do Deiverson Migliatti e a Sterna Café. Eu o conheci durante as gravações do *reality show* 1 Por Todos. No primeiro momento senti grande empatia pelo jovem empresário que estava diante de mim. Sua garra ficou evidente quando, depois de ter sido eliminado, ele voltou ao programa na repescagem e, com sua equipe, foram firmes até vencerem aquela edição. Foi lindo ver a perseverança daquele jovem!

Depois, eu conheci melhor a sua história de vida. Soube que o Deiverson vem de uma família humilde e queria estudar, ampliar seus horizontes cursando uma faculdade, mas nem ele, nem sua família, tinham dinheiro para as mensalidades. Isso não foi visto como uma dificuldade que o impedisse de seguir o seu sonho, mas como um desafio a ser superado.

Deiverson se informou sobre como poderia fazer o curso, foi atrás de um financiamento estudantil e, tendo conseguido os recursos no FIES, formou-se anos depois. Na hora de ir para o mercado de trabalho, Deiverson seguiu o seu destino. Ele não esperou até aparecer uma indicação para que pudesse começar por cima. Entrou como estagiário no CIEE, ganhado R$ 580 por mês, aos dezoito anos de idade.

Nas Casas Bahia, seu primeiro emprego, ele cresceu como poucos, porque tem talento e se mostrava disposto a fazer a diferença, mesmo sendo um estagiário. Enquanto seus colegas jogavam *game on-line* nas horas vagas de almoço, ele trabalhava no computador, até que foi visto por alguém que valorizou o seu esforço.

Quando foi demitido, já chefiando um departamento naquela varejista, sem ter recursos extras, procurou um financiamento bancário e abriu a sua primeira franquia. Assim realizaria seu sonho de empreender!

Ele errou algumas vezes ao começar com marcas cujos segredos ele não conhecia, e como já vinha mostrando resiliência desde a infância, se errava com uma marca, acertava muitas vezes mais com outras. E assim foi, até que em pouco tempo, chegou o seu momento: abriu uma marca própria, num segmento concorridíssimo – e se tornou franqueador. Novamente se tornou um dos melhores!

Esta é ou não é uma história de sucesso que merece ser contada? E sendo um cara novo como é, ainda cheio de boas ideias e muita energia, sabemos que a história de Deiverson Migliatti só está começando.

Ele tem planos ousados que estão sendo implementados e quem ganhará com isso seremos nós, que vamos aprender com esse empreendedor incrível, batalhador, vencedor e um ser humano espetacular!

Deiverson viajou o mundo, deu três voltas no planeta, algo que por si é para poucos. Isso serve para mostrar que ele é um homem que nasceu para fazer coisas diferentes e superar desafios!

Ele conta que em alguns países por onde passou, conseguiu tomar um bom café sem ter que adicionar açúcar para que ficasse saboroso. Aquilo o deixou intrigado e, depois, veio a saber que a qualidade do café exportado pelo Brasil é muito superior ao que bebemos aqui. São números expressivos, da ordem de 90% do café que sai do país, é a melhor parte, os melhores grãos, e nós ficamos com os 10% restante.

Daí, de uma indignação sua – assim como eu fiquei indignado com a incapacidade de a empresa produzir os ovos da minha encomenda – ele decidiu trabalhar com cafés especiais, abrindo uma cafeteria *premium*. A carência de bons produtos em seu ramo, embora haja uma concorrência avassaladora, e o trato especial, sofisticado e de excelência como ele lida com o seu produto, fez com que em apenas oito anos ele se tornasse o dono da maior rede de cafeterias *premium* de cafés especiais do país!

Hoje, sua rede tem 75 lojas e ele opera com uma equipe com cerca de 350 colaboradores. Com isso, Deiverson está ajudando a construir uma rica e linda história do empreendedorismo no Brasil, além de dar uma contribuição sem igual para a cultura, para o conhecimento, produzindo satisfação dos clientes, dando bons empregos e gerando riquezas para as pessoas e para o país.

Quando olho para a história do Deiverson, vejo um brasileiro batalhador, e mais uma vez observo entrelaçadas as nossas experiências no mundo dos negócios. Mesmo tendo conseguido entregar os 2 mil ovos de Páscoa, aquilo não foi um conto de fadas, e a sequência, isto é, o nascimento da Cacau Show, exigiu de mim que tivesse que produzir, entregar e contabilizar, atender padarias e pequenos comércios. E com o Deiverson não foi diferente, como conta no livro sobre as dificuldades que enfrentou, ainda antes de começar a sua marca, quando ainda era franqueado de outras marcas de sucesso.

Agora, ao ler o livro *É Preciso Coragem para Voar*, vi a minha trajetória refletida na história que ele contou de sua vida, e me emocionei. Imagino que milhares de brasileiros também se enxergarão nessa mesma luta, tanto aqueles que se arriscaram a perseguir a realização de seus sonhos, como aqueles que esperam a chegada do momento certo para fazê-lo – este livro te inspirará!

Além de interessantes histórias de sua vida e as viagens que fez ao redor do mundo, este livro terá um público amplo de leitores interessados, por sua variedade de referências ao mundo das franquias, a história do café, os desafios de quem quer empreender, e tudo isso contado por alguém que tem amado o que faz e que tem feito coisas com um diferencial incrível, como temos visto poucos no Brasil fazerem.

Deiverson, sou seu admirador e encheu os meus olhos conhecer a sua história. Desejo que milhares de pessoas se inspirem em você e, fazendo assim, mais esperanças nós teremos de um país melhor, uma sociedade mais engajada, e um futuro mais justo e saboroso para nós e nossos filhos.

Boa leitura a todos!

— **Ale Costa**
Fundador e CEO da *Cacau Show*

Introdução

"Para sair da gaiola, é preciso ter coragem para voar."
- DOSTOIÉVSKI -

A frase do escritor russo Fiódor Dostoiévski, que foi traduzida por Rubem Alves, fala do estado natural dos pássaros, que pode ser comparado a muitas das situações pelas quais passamos em nossa vida humana.

Pássaros foram criados livres, soltos nos campos e bosques, nas matas, como penso que deveriam estar *sempre*. Independentemente de você crer na criação feita por Deus ou na Teoria da Evolução, popularizada pelo naturalista inglês Charles Darwin, a situação dos pássaros é a mesma: a sua vocação é para a *liberdade*.

Nenhum ser vivo na história, desde os tempos mais remotos, surgiu no mundo para viver privado da sua liberdade. Todos nós viemos ao mundo com capacidades inatas, próprias da nossa essência, e temos vocação para criar coisas novas e gerar melhores condições de vida, transformações sociais e riqueza abundante.

Porém, mesmo que nós, seres vivos, tenhamos esse traço de natureza ou da nossa essência, Rubem Alves disse, em um livro seu, que o ser humano veio com uma capacidade diferenciada dos animais – a capacidade de *desejar*. A produção cultural realizada pelo ser humano e tudo aquilo que ele tem realizado desde sempre sugere que o homem é um ser de *desejo*.

Ao desejar, o homem se propõe a realizar, e o "desejo pertence aos seres que se sentem privados, que não encontram prazer naquilo que o espaço e o tempo presente lhes oferecem". Assim, o homem cria aquilo que deseja, algo distinto, diferente daquilo que está disponível na natureza, "porque o que a cultura deseja criar é exatamente o *objeto desejado*"[1], mas que ainda não existe.

Mas, o desejo por si, não realiza tudo aquilo que ele quer ou anseia. É preciso mais!

O pássaro que está privado de sua liberdade pouco pode fazer para escapar de sua gaiola, e, na verdade, dizer que "é a sua gaiola" não é rigorosamente o modo mais acertado de referir-se a ela. A gaiola não é sua; ao contrário, ela o aprisiona, tranca-o por fora. Lá dentro, ele pode desejar sair e viver como os pássaros livres vivem, bater asas, voar sem destino certo ou direção, ir para onde quer, como determina a sua natureza, as suas habilidades pessoais ou *passarinhais*.

Mas suponhamos que alguém possa abrir a estreita portinhola de uma gaiola que priva o pássaro de sua liberdade – e imagine que aquele pássaro tenha sido apanhado da natureza, e tivesse sido livre durante um tempo de sua vida. Ele saberia voar, mas hoje, numa gaiola, está preso. Se alguém abrir a gaiola para ele, o pássaro poderá escapar de lá e disparar em um novo voo. Mas, se ele desejar isso e não tiver coragem, de que adiantaria alguém abrir a porta?

Penso que há coisas que são feitas para quem tem coragem e coisas que só acontecem no terror do vazio, quando tudo parece perdido. Sabemos que há muitas vidas inspiradoras, casos de sucesso admiráveis e histórias de superação que surgiram em momentos de terror, de desespero. Quando tudo estava perdido, quando não havia saída aparente, quando os recursos se esgotaram e até o endividamento dava sinais de que tudo seria definitivamente arruinado, então, houve alguém que se encheu de coragem para fazer aquilo que já desejava, em seu coração.

---

1. ALVES, Rubem. *O que é religião?* 9. ed. São Paulo: Loyola, 2008, p. 22.

Claro, nem sempre é preciso esperar chegar ao fundo do poço para tomar decisões e atitudes que transformam vidas e mudam histórias. Há pessoas que têm um *timing* mais curto e uma percepção mais apurada da situação ao seu redor, além de terem iniciativa e criatividade mais apuradas, que se mostram eficazes em momentos de crise. Essas pessoas conseguem agir antes que o mundo desabe sobre suas cabeças e arruíne tudo.

Todos sabemos que o brasileiro tem espírito empreendedor e é um corajoso nato quando comparamos as estatísticas nacionais aos índices de empreendedorismo de outros povos. Em 2019, havia 38,7 milhões de brasileiros empreendendo no país[2], pessoas que se lançaram com coragem para abrir o próprio negócio e voarem livremente – ou ao menos parcialmente livres. A pandemia acentuou esse traço do empreendedorismo em nosso povo e chegamos a crescer 25,3% entre 2020 e 2022, comparado ao triênio anterior[3].

Todos esses brasileiros são pássaros que desejaram e que também tiveram coragem para voar.

Há outras maneiras de se manter vivo no mundo atual, tendo sustento e até alguma folga no caixa, conforto e tranquilidade. Passarinhos que quiserem ficar em suas gaiolas, não morrerão de fome, porque o seu dono dará a eles sombra, alpiste e água fresca. Mas esses pássaros se manterão privados da liberdade para a qual nasceram e não experimentarão a sensação de alimentar um desejo pessoal pela liberdade, dando a si mesmos a chance de provarem o gosto de voar, livres de barreiras e impedimentos.

Se para sair da gaiola terá que se expor ao risco de um gavião avistá-lo e atacá-lo para fazer dele a próxima refeição, há uma escolha a ser feita e todos poderão fazê-la.

---

2. Segundo o *Global Entrepreneurship Monitor* (GEM). Disponível em: https://ibqp.org.br/gem/?gclid=CjwKCAjwoIqhBhAGEiwArXT7K1jbuXFptGU4wUtD4hYuVH-ZwjczUMLk_mbhCEZM9F5Sr4jzUEHYUUhoCjvMQAvD_BwE. Acesso em: 28 mar. 2023.
3. Segundo dados do Governo Federal. Disponível em: https://www.cnnbrasil.com.br/economia/numero-de-novas-empresas-aumenta-25-depois-da-pandemia/#:~:text=O%20n%C3%BAmero%20de%20novas%20empresas,(entre%202017%20e%202019). Acesso em: 28 mar. 2023.

Pássaros que se arriscam e saem das gaiolas podem dar a volta ao mundo!

A sterna é uma ave corajosa, que vive cerca de trinta e quatro anos, pesa 100 gramas e percorre uma distância absurda durante a sua vida. Descobri que tenho uma coisa muito valiosa em comum com as sternas: nós gostamos de liberdade e gostamos de voar longas distâncias.

Eu também descobri que tenho algo em comum com aqueles que *desejam*. No meio de onde eu cresci e de onde vim, que pode ser comparado a uma gaiola das limitações sociais e econômicas, era um desejo poder realizar algo novo e diferente. Mas, quando somos de famílias e de origem simples, humilde, até os desejos ou sonhos são limitados. Nesses casos, ter coragem pode fazer toda a diferença.

Ter coragem pode nos lançar num impulso que se transformará num ciclo de novas iniciativas, que gerarão recursos, que abrirão espaços para que a nossa capacidade de sonhar e de desejar seja largamente ampliada.

Eu tenho experimentado isso ao longo dos últimos anos em minha vida. E quando digo ao longo dos anos, quando escrevo estas linhas, verdadeiramente me refiro a poucos anos. A minha vida mudou radicalmente para muito melhor, levando-me a um patamar que não estava nos meus melhores sonhos; e isso em bem menos de uma década.

Hoje eu desejo muito mais do que desejava há alguns anos ou na adolescência; empreendo como poucas pessoas jamais imaginaram, procuro ajudar o meu semelhante a desenvolver o seu potencial por meio de palestras e consultorias e preservo ao máximo a minha liberdade para poder voar, para viajar por lugares desconhecidos, para fazer novas amizades e aprender sempre com as diferentes – e muitas vezes *muito* diferentes – culturas pelos mais de sessenta países que visitei em todos os continentes, assim como as sternas fazem.

Neste livro eu conto um pouco da minha trajetória de vida, desde que os meus antepassados tiveram a coragem de sair da Itália, pobres, desejando um lugar ao sol para empreender ou um lugar onde, ao menos, pudessem ter liberdade para trabalhar, fazer o que sabiam, dar alguma contribuição social, ter seus ganhos como resultado disso, levar uma vida digna e ter paz. Mal sabiam que a coragem deles de vir para o Brasil, com o propósito de trabalhar nas lavouras cafeeiras da nossa terra, daria ao país um empreendedor que alçaria o maior voo no segmento de cafés *premium*, tornando-se o maior vendedor daquele produto de sua geração!

Por isso, eu desejo que você se inspire com a minha história, pelas dicas que darei, pelas derrotas e pelos sucessos que experimentei e pela maneira como costumo olhar o mundo ao meu redor.

Eu tenho uma maneira peculiar de lidar com processos e com pessoas, algo que aprendi e adquiri com o tempo, com as minhas experiências e com as culturas que conheci. Desejo ser para você a pessoa que está abrindo a portinhola da gaiola, e que você também tenha a coragem necessária para sair dela e voar – bem alto e para bem longe.

Que este livro voe em você, voe com você e o leve às mais altas posições! Afinal de contas, não basta ter a gaiola aberta: *é preciso coragem para voar.*

A Rota do Café
Plantação e florada

A plantação é o ponto inicial da cultura e da produção do café. O café deve ser plantado a partir das melhores mudas, a fim de se atingir o seu melhor crescimento, o que exigirá a manutenção das árvores, do solo e cuidados especiais na colheita.

Nas montanhas onde as lavouras são cultivadas, as altitudes chegam a 1500 metros – e esse tipo de cultivo gera os melhores tipos de café.

A cultura do café em montanhas é uma das que mais gera empregos, em função da colheita, que deverá ser feita de forma manual.

A florada indica o início da próxima safra, que acontecerá no ano seguinte. O cafezal fica repleto de florzinhas, que dão um aspecto homogêneo ao cafezal, semelhante à neve sobre a plantação.

Essas flores cairão e os cafezais entrarão na primeira fase da semente, chamada de *chumbinho*, por causa da aparência do grão ainda a se desenvolver. Isso acontece entre os meses de janeiro a março.

Depois disso é que o fruto fica verde – sim, o café é uma fruta – para depois amadurecer, quando o café será chamado de *cereja*, por causa da aparência do grão em seu formato e cor.

Fazenda de Café.

Um pássaro para voar

Toda empresa, ao se lançar no mercado, cria um logotipo e uma logomarca. A logomarca é um símbolo que a identifica, um desenho específico que deverá remeter à ideia principal de seu negócio. O logotipo difere da logomarca, pois normalmente ele é composto pelo nome da empresa, feito com letras que trazem um desenho característico e que são vinculadas à logomarca, tudo arranjado com posicionamento e com cores apropriadas para que seja atraente e adequado.

Quando criamos a logomarca da Sterna Café, usamos, obviamente, a representação gráfica das sternas. A sterna é uma ave bem peculiar, cujo gênero inclui, ainda, alguns tipos de andorinhas – entre outras aves. *A sterna é a ave que mais viaja pelo mundo!* Ao atingir trinta e quatro anos de vida, esse pequeno pássaro, da família dos larídeos, percorreu o equivalente a três vezes a distância de ida e volta à Lua. É como se essa pequena ave desse sessenta voltas ao redor do planeta ao longo de sua breve existência!

Quando Jesus pregou o conhecido Sermão do Monte, ele disse aos seus ouvintes que aprendessem lições básicas da boa vida *com os pássaros*. Certamente ele falava sério, e dá para notar que não podemos aprender com eles tão somente lições simples e fundamentais da vida, mas também incentivo e inspiração para empreender.

Eu aprendo com as sternas que, mesmo sendo tão pequeninas e frágeis, é possível se lançarem num projeto tão ousado que supera a sua aparente fragilidade. Então, por que nós, com inteligência, talentos, tendo maior vigor físico e recursos da tecnologia não podemos voar alto como elas? Claro que me refiro a voos no mundo dos negócios. O que nos falta? Coragem?

Se um passarinho tão pequeno consegue alcançar distâncias tão longas, por que o ser humano comum não pode transformar a sua vida em uma longa e diversificada trajetória de sucesso, que excede a sua aparente pequenez diante do gigantismo das corporações que hoje estão no mercado?

Você já se imaginou à frente de um próspero negócio? Já se viu atrás de uma mesa fechando projetos ousados e grandiosos, com *players* importantes de determinado segmento? Ou, quando mais novo, o seu sonho era viajar o mundo como as sternas? Se não viveu isso ainda, por que não tentar?

Eu tentei. E consegui. E consegui as duas coisas: empreender com sucesso e dar a volta ao mundo! Três vezes, aliás, e não vou parar por aí.

Neste livro eu falarei sobre as tentativas de realizar os meus dois sonhos, que certamente são os sonhos que muitos brasileiros nutrem: ter um negócio próprio que dê segurança a longo prazo e estabilidade financeira, e conhecer pessoas e lugares diferentes no Brasil e fora dele, viajando.

Reconheço que ambas as coisas não são fáceis de realizar – não é como ir a uma cafeteria tomar um bom café. Mas, hoje, sei que nenhuma dessas coisas é impossível, nem mesmo para um ex-estagiário das Casas Bahia, como eu fui.

Mas eu quero contar mais do que uma história pessoal bem-sucedida, pois a minha história pessoal não foi feita apenas de coisas que deram certo o tempo todo. Eu também quero falar sobre resiliência e sobre os deslizes, aqui e acolá, pois todos nós erramos e devemos aprender com os erros – e devemos encarar as perdas com disposição, para podermos ganhar em seguida.

O que você vai ler daqui para a frente será um incentivo para que não abandone nem mesmo o menor dos seus desejos ou sonhos, pois nas próximas páginas eu contarei sobre as muitas vezes em que transformei a minha vontade em ação e cheguei à realização do que queria e desejava, e contarei como conciliei meus erros e perdas com a vontade inesgotável de vencer!

Desde os sete anos de idade, eu fazia pequenos negócios, vendendo carrinhos de ferro que meu pai me dava de presente, ou catando e vendendo latinhas de alumínio ou negociando cédulas antigas de países diferentes. Mais tarde, aos dezoito anos de idade, consegui entrar nas Casas Bahia e fui funcionário deles. Depois disso, entrei no negócio de franquias, abrindo várias lojas de marcas como Subway, Sbarro Pizza, Bon Grillê, Temakeria Umami, KFC e Morana Acessórios.

Eu estava tendo sucesso fazendo as coisas do meu modo, mas ainda trabalhava para os outros, seguindo a cartilha deles, e não num negócio que fosse essencialmente meu. Eu queria começar uma empresa do zero, que fosse algo para o qual eu pudesse pensar e formatar cada detalhe do produto ou do serviço, organizar processos, enfim, "dar a minha cara".

Mas, até aquele momento, eu não sabia exatamente o que era, nem em qual ramo seria. O que eu queria, evidentemente, era algo com o qual pudesse me identificar, que tivesse a ver com as coisas que eu gostava de fazer, com a minha essência e alma. Eu descobri que tinha esse perfil e consegui realizar esse desejo com a cafeteria!

Hoje, quando as pessoas entram numa de nossas lojas, conseguem ver através do meu trabalho as coisas que eu vi viajando pelo mundo. O mobiliário das lojas tem poltronas feitas de sacas de café, decoração instagramável[4] com artigos e paisagens do mundo todo, entre outros elementos que proporcionam aos clientes uma verdadeira imersão no mundo do café e no mundo das rotas turísticas. Minhas cafeterias têm um pedacinho de mim em cada ponto de contato, que é o que eu buscava realizar como empreendedor.

Para coroar tudo isso, era preciso escolher um nome que também tivesse a ver com a minha vontade de superar desafios e o meu gosto por viagens. Foi então que encontrei o nome na figura dessa ave migratória, a andorinha da espécie sterna. Soube da existência dessa ave lendo o livro *Mar Sem Fim*, do velejador Amyr Klink, quando escreveu:

---

4. O termo "instagramável" é utilizado para caracterizar algo de onde é possível criar um conteúdo para o Instagram ou outras redes sociais.

As pequenas sternas, de corpo claro e cabeça preta e vermelha, a essa hora, talvez, sobrevoassem o Brasil, em sua eterna migração de uma ponta a outra do planeta. Dirigiam-se para o Ártico em busca de um novo verão polar. Sentia saudades de suas algazarras em Port Lockroy ou na ilha Doumer, e, de certa forma, invejava seu espírito errante. Tão pequenas, menores que um pombo, e tão viajantes.

Para uma ave, voar é o que ela faz naturalmente. Para nós, humanos, é preciso coragem para voar, seja esse voo feito num avião, numa asa-delta, num paraquedas ou, metaforicamente, voar no mundo dos negócios.

Sim, também é preciso coragem para empreender.

Eu reuni desejo e coragem e voei, alcei alturas que ninguém de minha família jamais teria coragem de se arriscar. E sei que ainda existem muitos caminhos pelos quais eu poderei me lançar, pois não empreendi apenas no ramo do café.

Cafezal.

Assim, quero que você se inspire em minha trajetória e, quem sabe, até encontre o itinerário do seu voo lendo sobre ela. Se isso acontecer, se você se inspirar, eu ficarei ainda mais realizado por poder ajudar pessoas a saírem do campo dos sonhos e dos desejos e partirem para a realização daquilo que está dentro delas.

A Rota do Café
Cultivo e manejo e colheita

Tomando a cafeicultura de montanha como exemplo, de onde vêm os melhores grãos, o trabalho exige atenção o ano todo para se obter grãos de qualidade.

Há cafezais que duram décadas – e até séculos. Quando, no início da safra, são preparados, recebem as mudas, e o terreno recebe adubo.

A colheita nas culturas de montanha começa em maio e vai até agosto. Depois da colheita, os grãos não podem receber umidade.

Como o café é um fruto da categoria dos não climatéricos (diferentemente da banana, não amadurece depois de colhido), ele exige que a sua colheita aconteça no ponto ideal de sua maturação. É quando chamamos o grão de *café cereja*. Se colhido antes do tempo, o café não maduro não terá boa qualidade, e o seu sabor na xícara será adstringente, produzindo aquele efeito de contração ao paladar.

EMPRESA DE CORREOS DE CHILE
03 SET. 2007
ISLA DE PASCUA

Te Pito o Te...
Hanga R...

REPUBLICA FEDERATIVA DO BRASIL
15 de Novembro de 1889

ISLA DE PASCUA

Quem é Deiverson Migliatti?

Eu sou filho da dona Solange e do sr. Laerte. Tenho três filhos, a Beatriz, o Lucca e sou pai de coração da Sophia.

Pelo meu sobrenome, não dá para negar que venho de uma família italiana. Descendo de imigrantes que chegaram ao Brasil em 1896, depois de uma longa e cansativa viagem. Luigi Migliatti e Angela Guaschino viviam no charmoso, mas simples, vilarejo de Casale Monferrato, subdistrito de Alessandria, região do Piemonte, ao norte da Itália. Aquela é uma região culturalmente rica, pela proximidade com Milão, uma metrópole, e próxima à Suíça e à França.

Luigi nasceu em 1859 e a Angela em 1861. Casaram-se na Itália e lá tiveram seis filhos: Giovanni (João), Lucia "Bidja", Francesco, Carlo, Giuseppe (José) e Archangela. Luigi e Angela são meus trisavós.

Em 1896, o casal partiu do porto de Gênova com destino ao Rio de Janeiro e desembarcou aqui no mesmo ano, com os seus seis filhos. No Brasil, Luigi e Angela tiveram mais três filhos, Carolina, ou "Carola", Marietta e Santino "Santin".

Deiverson Migliatti. Foto oficial do *reality show 1 Por Todos*, da Endemol Shine Brasil, TV Band.

Com a família vivendo no Rio de Janeiro, o filho mais velho, João, partiu para São Paulo. Em 11 de fevereiro de 1911, quando tinha vinte e oito anos de idade, ele e Ana Pellizon se casaram em São Caetano do Sul, que à época era um subdistrito de Santo André.

Cinco meses depois, o Luigi, agora com cinquenta e dois anos de idade, e a Angela, com cinquenta anos, deixaram o Rio de Janeiro e vieram se instalar na Hospedaria dos Imigrantes, em São Paulo, com os outros oito filhos. Foi assim que a família Migliatti se estabeleceu em São Caetano do Sul, onde décadas depois eu nasceria.

Como desde minha primeira franquia eu me dediquei a marcas no ramo de alimentação, é interessante que eu não tivesse tanta afinidade com a cozinha, como meus antepassados. Na parte de alimentação, eu recordo que na infância a minha vó fazia *crostoli*, que é uma massa parecida com a massa de pão, frita e passada no açúcar e na canela. Aqui no Brasil fazem esse doce em algumas regiões, por causa da aparência meio retorcida que ele tem. Esse é o sabor da minha infância. Mas também comemos muito *gnocchi* e o macarrão, que era feito com massa caseira pela minha avó Brasília.

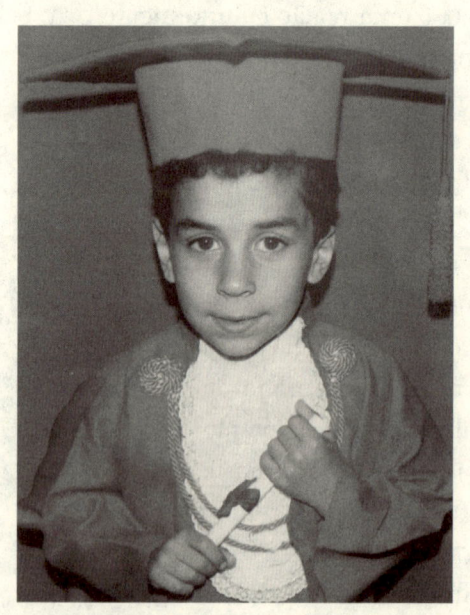

Deiverson aos seis anos de idade.
Formatura da pré-escola. 25/10/1990.

Eu cresci tendo contato com animais, por isso gosto de bichos de estimação. Minha avó criava porcos e galinhas no quintal de casa e era normal para os imigrantes terem pé de árvores frutíferas e hortas no terreno onde moravam. Eu, por exemplo, tive a minha casinha na árvore. Cheguei a quebrar o braço caindo de uma amoreira, coisa que hoje em dia quase não se vê entre as crianças nas nossas cidades – nem a casa nas árvores, nem braços quebrados.

Nós tínhamos dois periquitos que foram criados soltos em casa. Infelizmente, o final de um deles foi trágico. Eu deixava um pote vazio de margarina com água para ele se banhar e, enquanto eu entrei em casa para pegar algo, um gavião o levou embora. Eu comprei outro periquito e o criei da mesma forma, livre. Ele fazia barulho, chalreava para eu ir coçar a cabeça dele. E de novo, outra fatalidade. A minha avó ficou cega de um olho e, sem perceber, pisou nele.

Deiverson com o uniforme da Escola Estadual Joana Motta, junto a Lili, seu cachorro, e o periquito Tiquinha.

Tivemos coelho, codorna, cachorros. No meu primeiro casamento, nós tivemos um cachorro, o Lucky, que tem doze anos e hoje fica na casa dos meus filhos – e eu digo que temos uma guarda compartilhada do animal.

A minha infância foi muito humilde e, em termos de entretenimento, não tínhamos tantas coisas para se fazer. Meu pai conseguiu o título de sócio de um clube chamado Águias de Nova Gerti. Era para lá que meu pai nos levava todos os finais de semana... Guardo boas recordações daquele tempo.

Depois, ficamos sócio do Clube Billings, onde tinha a represa. Pagávamos uma taxa simbólica por mês e era possível pescar ali, o que eu gostava muito.

Embora humilde, minha infância foi gostosa e divertida, como a garotada de hoje já não desfruta mais – em parte, por causa do excesso de tecnologia e dos *games* que roubam a cena e o tempo que poderiam gastar curtindo mais as coisas da natureza ou interagindo.

Quando meu pai nos levava a algum lugar, íamos de Fusquinha ou de Chevette, os dois carros que ele teve. Quando chovia, ele tinha que parar o carro e descer para secar os cabos e as velas. Essas memórias da infância são muito legais!

Deiverson e seu irmão mais velho, Anderson Migliatti. Ao fundo, o Fusca 1973, carro que aprendeu a dirigir.

Cedo eu me interessei e comecei a colecionar cédulas; foi aos sete anos de idade que recordo ter minhas primeiras cédulas. O meu pai me levava à Feira do Lero, em São Caetano do Sul, onde se vendia basicamente artesanato – mas não somente isso. Ali eu tive contato com cédulas de diferentes países. Os desenhos que estampavam aquelas cédulas me encantaram logo de cara e fiquei fascinado com aquilo.

Eu passei a conhecer os países pelas diferentes imagens que as cédulas estampavam, elementos arquitetônicos de diferentes locais, tendo aprendido muito sobre essas coisas com o Alexandre Zevzikovas, o dono da barraca de cédulas e moedas antigas. Mal sabíamos o papel que aqueles desenhos e o conhecimento envolvido em cada cédula representariam em minha história de vida.

Considerando o valor que as cédulas representam, a estampa que elas trazem, a possibilidade de colecionar aquele material me deixou encantado. Desde aqueles dias eu me entusiasmei pela numismática[5], e há mais de trinta anos estou envolvido com esse negócio. Provavelmente fui o mais jovem membro da Sociedade Numismática Brasileira. Eu comecei a comprar, vender e trocar cédulas, criando desde cedo um trato comercial (e social) com as pessoas daquele meio, que de certo modo prepararia o meu perfil empreendedor para o futuro.

O interesse pela história por trás daquelas notas abriu os meus olhos e a minha cabeça para o mundo que existia além de São Caetano do Sul, e eu comecei a ler e a pesquisar sobre outros países. O primeiro "grande" resultado disso foi que eu saí na capa de um jornal regional, por terem descoberto que eu sabia muita coisa sobre Geografia, como o nome da capital e qual era a bandeira de diversos países.

O desejo de viajar e dar uma volta ao mundo se esboçava desde aqueles tempos, mas sem dinheiro suficiente, esse sonho não se realizaria. Por outro lado, colecionar, vender e comprar cédulas de países tão distantes parecia ser algo como uma profecia em forma de papel-moeda, algo que já se cumpriu algumas vezes em minha vida, visto que dei três voltas ao redor do planeta.

Tendo crescido um pouco, comecei a frequentar eventos da cidade. São Caetano do Sul realizava a Festa Italiana e a Festa do Boiadeiro, além de sediar alguns grandes *shows*. Eu ia a esses eventos para me divertir. Quando comecei a trabalhar em meu primeiro emprego, na sede das Casas Bahia, tive condições de ir a passeios em shopping

---

5. A numismática é a ciência que estuda o dinheiro, isto é, cédulas e moedas de diferentes regiões e períodos.

centers e frequentar o cinema, mas nunca fui muito de ir a festas, baladinhas ou barzinhos.

Tenho uma lembrança nítida de quando tinha meus dezessete anos de idade, até cerca de 20 e poucos anos, e recordo de ainda conviver com meus amigos de infância. Naquela fase, eu jogava bola todos os dias com eles, e quando entrei nas Casas Bahia convidei alguns deles para irem trabalhar comigo. Consegui empregar boa parte dos meus amigos naquela empresa.

Quando entrei numa faculdade, muitos deles fizeram o mesmo. Não tem muito tempo, eu recebi um amigo da época da faculdade em minha casa no interior de São Paulo. Pelos aplicativos de mensagens instantâneas ainda mantenho o contato com meus amigos, já que estar próximo fisicamente é mais difícil. A vida da gente vai mudando e os ciclos de amizades mais próximas também muda.

Quando era menino, eu não fui forjado para ser empreendedor. Meu pai dizia que meu irmão e eu deveríamos trabalhar na GM ou nas Casas Bahia, cuja sede ficava em São Caetano do Sul. Meu irmão foi para a GM e eu fui para as Casas Bahia, mas confesso que entrei nessa empresa porque estava empenhado a trabalhar.

Em 2002, eu cheguei em casa com a notícia de que tinha sido aprovado no vestibular e faria faculdade. Como eu sabia das condições financeiras da minha família, eu já vinha me preparando, juntando o que podia, para pagar a matrícula e as primeiras mensalidades. Por uma felicidade, o dinheiro do FIES não demorou a ser liberado.

Eu me interessei por computação desde cedo. Aprendi a fazer programação e, envolvido com isso, acreditava que estava me preparando para o que viria aos dezoito anos de idade, idade que completei em 2002. A matrícula foi feita e consegui pagar as primeiras mensalidades.

Eu sonhava em tirar habilitação de motorista e, para conseguir dar conta desses meus sonhos e projetos sem depender de meus pais, eu fazia sites, montava e vendia computadores e dava aulas de informática para pessoas da GM e para médicos da região onde eu morava. Anunciava as aulas e, quando me contratavam, eu ia até a casa das pessoas para lecionar. Fazendo assim, eu mesmo pude pagar minha primeira habilitação com o esforço das aulas que dava e, com o dinheiro da mesma fonte, ainda consegui pagar a matrícula e as quatro primeiras mensalidades da faculdade.

Foi também em 2002 que surgiu a oportunidade para estagiar nas Casas Bahia. Eu me inscrevi no programa e fui para a avaliação. Quando fiz o teste na empresa, não imaginei que seria feito num computador Macintosh, da Apple. Os candidatos tiveram que fazer um cartaz no computador e eu dei risada daquilo, porque sabia mexer naquele tipo de computador e sabia um macete daquela máquina: o botão no teclado era invertido, o que nos computadores domésticos comuns era diferente. Eu sabia isso porque costumava a chegar mais cedo na faculdade para aprender a lidar com esse tipo de ferramenta, e me dei bem quando fui chamado a fazer o texto.

Fiz a "provinha", montei o anúncio em três minutos e o selecionador ficou surpreso por eu saber mexer naquele tipo de computador. Foi assim que fui aprovado e, logo em seguida, contratado.

Eram seis vagas disponíveis, para seis estagiários. Eu entrei na empresa no dia 9 de maio de 2002 com outras cinco pessoas, que são meus amigos até hoje. Ainda guardo o contrato do CIEE[6], onde diz que meu salário seria de R$ 580.

Quando entrei nas Casas Bahia, eu sabia que seria a chance de mostrar meu talento. Mas, em vez de me colocarem para operar um computador, fui designado para entregar panfletos. A empresa tinha quinhentas colmeias, que eram como os correios internos; cada colmeia juntava material que seria enviado para todas as filiais. Eu tinha que pegar os cartazes com os cartazistas, que eram verdadeiros artistas, já que confeccionavam cada peça à mão, e colocar nas colmeias para serem distribuídos para cada loja. Eram feitos quinhentos cartazes e eu colocava cada um na colmeia de uma loja. Eu considerava uma tremenda burrice não fazerem esse serviço digitalmente. Bastaria criar um cartaz no Apple, apertar o botão e mandar imprimir quinhentas cópias!

---

6. CIEE – Centro de Integração Empresa-Escola.

Como sempre fui muito focado, eu superei o período de terror, que é a fase da experiência, e consegui a tão sonhada efetivação. Com foco, você consegue atingir até os objetivos mais ambiciosos, que pode ser qualquer coisa que o seu sonho conseguir alcançar.

Eu usava minhas horas de almoço para fazer o meu TCC da faculdade, mas às vezes eu usava esse tempo para desenhar os cartazes no computador – e fazia isso de propósito, na expectativa de que algum superior visse o meu trabalho.

E bingo! Certo dia, um gerente de outra área me viu criando cartazes na hora do almoço, enquanto eu estava no departamento de cartazes, e me chamou para fazer um teste. Ele era gerente de um departamento muito bacana. Para entrar na sala deles, era preciso digitar uma senha na porta, e o ambiente lá dentro era diferenciado, com uma iluminação lúgubre, escura, algo meio futurista para a época. Aquele era o departamento de artes, onde eram feitos os anúncios que iam para a tevê e para os jornais.

Eu fui até lá e em cinco minutos fiz o teste que o coordenador Anderson Duran aplicou, porque realmente dominava o sistema Apple e porque fazia faculdade na área, o que me dava um conhecimento específico do que se esperava que fosse feito por mim. Anderson foi o meu melhor chefe, pessoa com quem aprendi muito e com quem ainda hoje mantenho amizade.

Passei no teste e aquele gerente contou isso para o chefe do meu departamento, dizendo qual foi o resultado que tive. Isso foi aproximadamente em julho de 2002.

A minha experiência no novo setor durou pouco tempo e logo fui contratado para o "departamento de cima", com o salário sendo dobrado para R$ 1.200. No novo departamento, a situação era outra; em vez de um computador disponível para dez pessoas, cada um de nós tinha o seu próprio computador. Eu ganhei um computador, uma mesa e um ramal telefônico, o que para mim já era "coisa de outro planeta"!

Aos poucos, fui crescendo nas Casas Bahia. Na época eu já tinha um grande sonho de viajar... quem sabe dar uma volta ao mundo? Mas, para ser bem honesto, antes de viajar, o meu sonho era comprar um carro e, talvez, com ele, embarcar numa longa viagem. Mal sabia eu que para conhecer os lugares para onde já fui, um carro definitivamente não seria o melhor meio. Algo maior vinha pela frente, mas eu não sabia o que era.

Quando fui admitido como estagiário, desde o primeiro dia de trabalho nas Casas Bahia, eu criei o hábito de "planilhar" todos os ganhos e despesas que tinha. Talvez eu já fosse uma pessoa criteriosa e organizada, como reflexo do hábito de infância de comprar e vender minha coleção de cédulas, já que elas tinham que ser separadas, organizadas e catalogadas. Eu não sabia que isso seria um dos hábitos fundamentais para a pessoa que eu me tornaria: um gestor de vários empreendimentos.

Gestores que não sabem controlar minimamente o seu fluxo de caixa não chegam aonde eu cheguei. Assim, eu considero fundamentais essas pequenas e, aparentemente, insignificantes lições da infância e da adolescência em minha vida. No tempo certo, cada uma delas tem feito muito sentido para mim e certamente não é diferente no seu caso e no de outros empreendedores.

Embora estivesse ganhando mais no novo departamento, eu ainda levava marmita para não gastar e, com isso, poder economizar alguns trocados a mais. E foi economizando com o almoço e tirando férias em dinheiro que eu consegui juntar o suficiente para realizar meu primeiro sonho. Lembro-me de que fui até a loja de automóveis, em São Bernardo do Campo, e vi um Volkswagen Gol, vermelho com para-choques pretos e vidros sem *insulfilm* que custava R$ 9 mil. Quinze dias depois, eu levei meu pai e meu irmão comigo até a loja.

Eu vinha focando na compra do carro, fazendo horas extras aos sábados e domingos; ganhava R$ 50 e R$ 100 respectivamente, tendo trabalhado até durante a Copa do Mundo no Japão, enquanto as pessoas da minha cidade comemoravam os jogos ganhos numa avenida famosa, que é a av. Goiás. Para levar o carro para casa, eu dei R$ 4 mil de entrada e financiei o restante em trinta e seis vezes, já mostrando que tinha coragem de assumir compromissos e honrá-los.

Depois de comprar o carro, planejei que a primeira coisa que faria seria tirar a grade frontal. Removi as originais pretas e coloquei vermelhas. Eu removi as calotas e pintei as rodas de preto. Coloquei uma ponteira cromada no escapamento, pus *insulfilm* nos vidros e coloquei uma manopla de câmbio vermelha para combinar com a cor do carro.

Foi a minha primeira conquista e a fiz com muito orgulho; mas eu ainda não sabia dirigir muito bem. Numa vacilada minha, voltando de uma pista de *kart*, enfiei meu carro no poste. Era junho de 2003. Mesmo assim, guardo boas lembranças dele.

Eu quebrei o fêmur e fiquei impedido de trabalhar por quarenta e cinco dias. O INSS queria que eu ficasse parado pelos próximos seis meses, mas eu não queria – nem podia – perder o emprego. Deu muito trabalho convencê-los de que eu poderia ir trabalhar durante o período de recuperação, que foi difícil e doloroso.

Quando consegui essa liberação, tive que andar de cadeira de rodas por cerca de quarenta dias, depois caminhando com o auxílio de duas muletas, depois uma muleta e bengala, até que passaram os seis meses nos quais eu tive que reaprender a andar... e sempre trabalhando.

Quando eu precisava pegar as impressões na máquina disponível para a sala, eu ia "pilotando" minha cadeira de rodinhas. Meus colegas de trabalho deram apoio, pois eu precisava ser acolhido naquela situação. Mas às vezes descontavam, escondendo minhas muletas.

No grupo Casas Bahia passei por algumas funções dentro do setor de marketing. Quando concluí a faculdade de desenho industrial, em 2005, apresentei o meu projeto de conclusão de curso ao gerente da minha área, mas ele engavetou aqueles papéis. Um ano depois, esse gerente foi demitido e assumiu em seu lugar Raphael Klein, neto do fundador das Casas Bahia, o sr. Samuel Klein.

Eu quis apresentar o meu projeto para ele, já que agora era o responsável pela área. Mas aquele homem andava com dois seguranças até mesmo dentro da empresa, de modo que era muito difícil conseguir uma entrevista com ele – e sequer era possível falar com Raphael abordando-o num dos corredores da empresa.

Todos riam de minha pretensa arrogância quando eu dizia que queria falar com o neto do fundador, mas a descrença dos meus colegas de departamento não foi suficientemente forte para me fazer desistir.

Afinal, o maior interessado em levar aquele projeto adiante era eu e não queria ter que apresentar o projeto novamente para um superior que estivesse abaixo do meu novo chefe, por causa da experiência frustrante que eu tive anteriormente ao ver as ideias que eu tanto acreditava serem engavetadas.

Como diz uma frase sobre resiliência, atribuída ao Augusto Cury, "se alguém lhe bloquear a porta, não gaste energia com o confronto. Procure as janelas". Era o que eu estava fazendo ao evitar apresentar aquele projeto para alguém que poderia não me dar o amplo acesso que eu entendia que as minhas ideias mereciam ter.

Ser resiliente é fundamental para ver a execução dos seus planos e projetos sendo levados a efeito, ainda que eles sejam desacreditados por uma ou mais pessoas.

Se você enxerga coisas onde ninguém mais vê, vá em frente e cumpra as etapas na tentativa de implementar a sua visão. Depois que as coisas derem certo, veja todos virem atrás, para o lugar que você estará ocupando!

Bem, eu tinha que criar uma situação na qual pudesse ficar cara a cara com Raphael Klein. Enquanto diziam que eu nunca conseguiria falar com ele, eu pensava em alguma estratégia que desse certo e imaginava que em algum momento do dia ele deveria ir ao banheiro. Então, era só acertar esse momento e, *veja só que coincidência*! Só que não...

Certo dia, da mesa onde eu estava trabalhando, notei que ele se levantou de sua mesa no meio do expediente; então, corri para o banheiro e fiquei por ali, disfarçando, e aguardando o momento certo quando ele entraria. Quando a porta se abriu e vi que de fato era ele que entrou, esperei um minutinho e disse: "Raphael, eu tenho um projeto para apresentar pra você".

Ele foi atencioso e imediatamente pediu para eu esperar até ele terminar o que estava fazendo, e adiantou que eu fosse pegar o projeto na minha mesa e o encontrasse na sala dele em uns instantes. Era a minha chance, tão ansiosamente esperada, de mostrar o resultado de todos aqueles anos de faculdade. E estava tudo ali, naquelas páginas, que eu só tinha que pegar e levar para aquele homem ler.

Eu atravessei a minha sala temendo que alguém desconfiasse de mim, especialmente o meu chefe, sobre quem eu passava por cima naquele momento. Mas era por uma boa causa que eu fazia aquilo, não porque eu maquinasse o mal contra alguém.

Entrei e me sentei na sala do gerente, entreguei o projeto e ele olhou cada página daquela pasta. Em seguida, fez algumas perguntas, pegou o telefone e chamou o meu chefe, dizendo que fosse até a sala dele. Raphael disse que, a partir daquele momento, a minha vaga estava aberta para ser ocupada por outra pessoa que ele deveria contratar, já que, a partir daquele momento, eu deveria dividir o tempo entre os dois departamentos até a substituição, reportando-me, a partir de então, diretamente a ele, o meu novo gerente.

Depois daquele dia, a minha vida nas Casas Bahia teve uma reviravolta. Eu fui alçado a chefe do setor e, não muito tempo depois, me tornei o guardião da marca Casas Bahia. Eu era o responsável pela marca onde quer que ela fosse utilizada, desde o bolso de um uniforme até no envelopamento dos veículos da frota da empresa, passando pelos crachás, aeronaves, fachadas e materiais em pontos de venda.

Eu passei a acompanhar o gerente de Marketing nas suas reuniões, indo de avião e helicóptero para muitos lugares, tendo viajado por todo o Brasil na minha nova função. Aqueles foram anos de intensa atividade e um aprendizado sem precedentes para mim, algo que me enriqueceu e foi necessário para que eu aproveitasse ao máximo nos anos futuros, quando me tornei empreendedor.

Em 2007, eu estava cansado de tantos anos de trabalho, cinco ao todo, pois tinha desfrutado pouquíssimos dias de férias nesse período e já há algum tempo trabalhava num ritmo intenso. Então, eu decidi vender o meu carro e tirei trinta dias de férias e quinze dias de banco de horas.

Nessas férias prolongadas, eu dei um giro pelo mundo, sendo a primeira vez que eu conheci outros países e tive contato com outros povos e suas culturas.

Dois anos depois, em 2009, veio a fusão das Casas Bahia com o Grupo Casino – e, no processo, eu fui desligado da empresa, juntamente a alguns milhares de outros colaboradores. Mas, naquele momento, a veia empreendedora pulsou mais forte em mim. Embora no começo eu não quisesse admitir a minha dispensa com tanta facilidade, pensando que era "injusto", não demorou até que eu entendesse que a relação com as Casas Bahia era meramente comercial; eu vendia as minhas horas de serviço e eles pagavam por isso. Nada de sentimentalismos nessas horas.

Além de ter essa percepção da relação com a empresa, eu já alimentava uma ideia desde quando voltei da primeira volta ao mundo, em 2007. Quando retornei para o Brasil, eu sabia que mais cedo ou mais tarde chegaria a hora de empreender, a hora de andar com as minhas próprias pernas. Assim, com a demissão, eu via diante de mim dois caminhos: um era continuar no varejo como profissional de ponta, uma vez que, a essa altura, já tinha experiência comprovada e gostava da experiência naquele setor. O outro era empreender em um voo solo.

Eu escolhi a segunda opção e, em setembro de 2009, aos vinte e cinco anos de idade e com dinheiro do Proger (Fundo de Financiamento do Banco do Brasil), adquiri a minha primeira franquia. A primeira experiência foi com uma loja da *Subway*, marca recém-chegada a São Paulo e que prometia bons negócios. Quando dei a minha primeira volta pelo mundo, eu vi lojas da Subway em vários países e, então, imaginei que algo que já funcionava e dava certo lá fora também daria certo aqui no Brasil – daí que a decisão por esta marca foi tomada.

Até aqui, imagino que você já começou a conhecer um pouco mais sobre mim. Além de numismata, empreendedor e entusiasta dos negócios, eu sou um viajante que saiu pelo mundo. Mas não faço isso apenas atrás de aventuras – minhas viagens me dão muito mais do que a sensação de que sair do país com um mochilão nas costas é coisa para quem está sem rumo na vida.

Minhas viagens são assim mesmo, com mochilão, econômicas, mas com objetivos. Eu vou em busca de conhecimentos diversos, como conhecer pessoas, a cultura, e hoje, mais do que antes, os diferentes tipos de cafés e seus modos de produção, desde o plantio até o preparo, passando pela seleção de grãos, torra e diferentes modos de servir. E hoje faço isso pensando na satisfação de meus clientes.

Percorri países em todos os continentes. A minha "carreira" de viajante começou em 2005 quando, depois de muito sofrimento e sem tirar férias, tinha economizado cada trocado, o que tornou possível o longo passeio. Aliás, nós brasileiros somos marcados por esta espécie de sina: nós realizamos muitas coisas, mas nada do que fazemos é sem esforço, sem privações.

É bom saber que muitos de nós temos conseguido excelentes resultados, saindo das camadas mais baixas da sociedade e chegando a postos de destaque, de liderança e de grande projeção, gerando emprego e riquezas para o país, inovando tecnológica e culturalmente e mostrando para outros brasileiros e o mundo a nossa capacidade.

Como viajante, eu fiz a minha primeira viagem internacional para a Espanha. Em 2005, fiquei uma semana entre Madri e Barcelona.

Dois motivos me levaram a escolher a Espanha: o primeiro é a cultura muito forte, que também tem alguma presença no Brasil. Os espanhóis são intensos, vibrantes, fortes, e eu queria conhecer isso de perto. Queria estar na Igreja da Sagrada Família, a igreja mais famosa da Espanha. O segundo motivo é porque *amo* futebol e queria visitar os dois estádios dos maiores clubes do país (e algumas vezes os maiores do mundo), que são o Real Madrid e o Barcelona, onde muitos brasileiros fizeram fama, fortuna e deram verdadeiros espetáculos no esporte.

No ano seguinte, em 2006, quando a principal rede social que tínhamos ainda era o Orkut, eu fiz uma postagem que dizia o seguinte: "Quem quer ir para Argentina, Chile ou Uruguai fazer um mochilão?" Apareceu uma figura que se tornou importante em minha vida: o João Vergueiro, com quem ainda mantenho a amizade. Juntos, nós fomos à Argentina e ao Uruguai e, daquele ano em diante, eu tomei gosto maior pelas viagens – e a presença do amigo animou a jornada.

Todos os anos João e eu viajamos juntos. Em novembro de 2022, eu fui a Londres encontrá-lo e de lá fomos a Paris e à Grécia. João se mudou para a capital inglesa em 2007, depois que se formou em turismo no Brasil, e hoje trabalha no ramo de hotelaria. João fala cinco idiomas e, pelo visto, está no lugar certo.

Depois de ter respondido à minha postagem no Orkut, João e eu marcamos de nos conhecer pessoalmente numa loja Starbucks... o café dava os primeiros sinais de entrar em minha vida. Com João, eu conheci e aprendi o estilo mochileiro, as viagens econômicas, mais "raiz", pois ele já tinha esse conceito bem presente em sua experiência, um pouco vindo da sua formação na área do turismo. Apenas para se ter uma ideia, nós fizemos a primeira viagem para Uruguai e Argentina pagando de R$ 8 a R$ 10 em pousadas antigas, de baixo custo, sem luxo e sem serviços que encareçam o pacote para o turista. Afinal, não fomos até aqueles países para curtir o conforto, mas para conhecê-los melhor.

Com o João, eu abri a cabeça e criei coragem de experimentar coisas que sozinho não seria tão simples. João é bem conscientizado e tem uma cultura ampla, sendo o tipo de pessoa com quem você pode conversar sobre todos os assuntos, além de ser músico e tocar violão e gaita. João sabe valorizar a cultura local, os princípios e produtores da cultura das regiões onde visita.

Não costuma tomar Coca-Cola ou Heineken, muito menos frequentar franquias, como o McDonald's. Ele opta por saborear a culinária artesanal dos pequenos produtores locais, e por isso bebe cerveja artesanal e come em lugares bem simples. João não tem medo de passar mal com uma comida que nunca experimentou e com ele eu conheci o sabor de pratos como gafanhoto, bicho de bambu, aranha tarântula, camarão cru branco, rã, lhama, e visitei países extremamente fora do circuito comercial e pouquíssimo conhecidos da maioria das pessoas, como Laos, Mianmar, e alguns países bem fechados do ponto de vista político.

Eu já visitei dezenas de países, sessenta e cinco ao todo até agora, desde os destinos "clássicos", como os Estado Unidos, até os menos conhecidos ou totalmente desconhecidos: o Butão, na Ásia, ou Liechtenstein, na Europa.

Mas, se um pé está na estrada, o outro está muito bem enraizado no chão dos negócios, no Brasil, e já planejando a expansão dos negócios para a Europa. Eu me tornei um investidor inquieto, digamos assim. Não penso que seja a minha missão nesta vida concentrar tudo na minha marca e ficar apenas no ramo do café. Percebo que é importante diversificar, não apenas por uma questão de segurança financeira, como dizem os analistas de economia, que não se deve colocar todas as laranjas na mesma cesta, a fim de evitar que uma laranja estragada comprometa tudo o que se tem no cesto.

É preciso investir para crescer como empreendedor e como ser humano. Apenas economizar, juntar recursos, não nos torna maiores do que somos. É nesse sentido que gerar negócios e oportunidades em segmentos diferentes do meu negócio principal tem se tornado um atrativo interessante, que aos poucos produz seus primeiros frutos.

Por essas palavras, você pode perceber que tomei gosto por crescer também como empresário. De norte a sul do país, tenho investido em áreas tão diferentes como os setores alimentício e imobiliário, como na aquisição de galpões em Parauapebas. Quando começou a crescer a exploração de minério de ferro, comprei terrenos em Campinorte, porque a Ferrovia Norte-Sul passaria por lá (promessa do segundo mandato do governo Lula, que não se cumpriu), fábricas de massas, fábrica de bolos e salgados e residências habitacionais em São Paulo.

Entre vitórias e fracassos, foi um caminho longo. Fiz escolhas erradas. Fui à falência em alguns empreendimentos. Arrisquei muito, até encontrar o segmento com o qual me identificava mais: cafés especiais. Mas isso aconteceu depois de fazer mochilão e passar por sessenta países; e então, veio o *start*.

Sterna Café Mooca.

Em 2015, com trinta e dois anos de idade, abri minha primeira cafeteria dentro de um hospital. Um ano depois, em junho de 2016, eu lancei a primeira unidade franqueada da rede.

Hoje somos a maior rede de lojas de cafeterias *premium* de cafés especiais do Brasil. Cuido de uma rede que conta com mais de quatrocentos colaboradores diretos ou indiretos. Como você pode perceber, empreendedorismo e viagens estão no meu sangue. Cada desafio que surge nas minhas rotinas como empresário, viajante ou nas atividades pessoais, reforça a paixão que tenho pelo que faço. Sou alguém que trabalha muito e sonha alto. Sonho com prosperidade, para mim e para as pessoas com as quais trabalho e me relaciono.

Escrever este livro era um projeto pessoal, pois há algum tempo quero compartilhar meus sonhos e ideias com outras pessoas que olham para o alto e querem voar. Como eu consegui alçar voo mais alto do que muitos da minha geração, quero mostrar o que se passa na vida de quem voa, entre um sonho e outro, entre um voo e outro, para quem tem coragem para voar.

Sterna Café Barra Funda.

A Rota do Café
Lavagem e separação dos grãos

Na produção do café especial, a lavagem conta como uma importante etapa na hora de obtermos melhores resultados. Por se tratar de um alimento, a produção do café precisa contar com o cuidado da higienização, assim como outros produtos ingeridos pelo ser humano. Durante a colheita dos grãos, sujeiras como folhas, resíduos do solo e outras impurezas podem ser juntadas.

A lavagem pode ser realizada pelo processo de flutuação e é realizada a separação dos grãos por maturação. Aqueles que passarem do ponto de maturação costumam flutuar no processo de lavagem. São os grãos chamados *boia*. Já o café no ponto certo, dos quais já falamos anteriormente, os chamados *cereja* (mais macios) e os grãos verdes (ainda não maduros e mais duros) afundam na água e depois seguirão para o descascador, que é a etapa seguinte do nosso processo.

A separação é realizada num equipamento sob pressão, onde os grãos são descascados e separados.

Visitando os cafezais.

Voltas ao mundo

Em 2007 eu comprei o livro *1.000 Lugares para Conhecer Antes de Morrer*, de Patricia Schultz. Na época, eu tirava xerox das páginas que davam informações sobre os países que eu mais me interessava, e que eram os países com os quais sonhava visitar um dia. Aos poucos, fui alimentando a identificação com cada local e crescia em mim a ansiedade por estar lá e conhecer as pessoas, a cultura, os costumes.

Quando finalmente consegui organizar a minha agenda e sair do Brasil, fiz as viagens para os locais que constavam naquele guia e levei as cópias, todas com sinais de caneta marca-texto destacando os pontos importantes e as informações que chamaram a minha atenção. Isso realmente foi marcante na minha experiência, e me deu uma sensação intensa de realização por, literalmente, ter tirado do papel uma ideia ou sonho e a levado a tornar-se realidade.

Quando se tem um sonho, qualquer que seja, é preciso acreditar ser possível realizá-lo. Nenhum sonho é por acaso, eles sempre são baseados em uma realidade, daí a razão para acreditarmos ser possível!

Por que sonhamos alto? Por que Santos Dumont, o brasileiro que se tornou o pai da aviação, um dia sonhou em poder superar as limitações que o ar impunha e criou o primeiro avião a sustentar-se num voo livre? O ar não estava destinado a ser conquistado pelos pássaros, como as sternas? Se Santos Dumont pensasse assim, jamais

Cafeteria na Costa Rica.

teria criado nada, nem um ultraleve, nem um dirigível, tampouco o avião, criação da qual foi o pioneiro[7].

Quando sonhamos, é porque há algo de fundo em que podemos nos apoiar para a sua realização. Se você tem um sonho, interesse-se por ele, alimente-o, estude sobre suas características e possibilidades, entenda como poderá fazer para que se torne realidade, aja como se estivesse trabalhando para a sua concretização e nunca, jamais desista dos seus sonhos, pois só assim poderá dizer que trabalhou em um projeto seu, fazendo o seu melhor e dando o próprio esforço. Quando se tornar realidade, o mérito será seu!

Abrir um negócio próprio ou dar a volta ao mundo são dois sonhos de muita gente e, como muitas dessas pessoas, eu sonhei em fazer as duas coisas e... consegui, com sobra!

O que vem à mente quando se fala em dar a volta ao mundo? Para mim é uma vitória. Para quem começou a viajar aos sete anos de idade pelos livros, vendo paisagens, monumentos e construções que simbolizam outros países, como a Torre Eiffel, a Machu Picchu, as pirâmides, o Taj Mahal ou um templo do Camboja, entre dezenas de outros pontos turísticos icônicos e, um tempo depois, estar diante deles, fisicamente, pessoalmente, me encheu de alegria e de um sentimento de dever cumprido. Se eu morresse hoje, diria que realizei as dezenas de sonhos de infância, por ter ido a tantos lugares que via somente em fotos estampadas nos livros ou nas representações impressas nas cédulas.

Toda a história valeu a pena para chegar até aqui e o sentimento é este: de vitória e de felicidade imensa.

Quando nos propomos a realizar uma viagem, especialmente as mais longas, é preciso encarar o fato de que terá sempre um perrengue a se enfrentar; em viagens assim não tem vida fácil, ainda mais no estilo mochilão, como as viagens que fiz.

---

7. Há discussões a respeito de Santos Dumont ou os irmãos norte-americanos Wright. Os que defendem ter sido o brasileiro afirmam que, para se concretizar um "voo", é preciso que o equipamento tenha sustentação no ar, coisa que, segundo esses, o engenho dos irmãos Wright não teve.

Mianmar.

Desde que comprei meu primeiro carro, fui melhorando e passando para modelos mais caros, até que, em 2007, eu quis vender o meu CrossFox para financiar a primeira viagem. A viagem custou praticamente o valor pelo qual o vendi. Eu embarquei na minha primeira volta ao mundo em agosto daquele ano, mas desde janeiro eu já a planejava e escolhia os países que visitaria. No meio do ano, vendi o carro e comecei a reservar os albergues e a comprar os tickets para a volta ao mundo.

Os RTW, *Round Travel World*, são tickets que nos permitem ter maior liberdade de escolha, embora haja restrições. É possível ficar de dez dias a um ano viajando nessa modalidade, sem ter que pagar taxas a mais por isso. As companhias aéreas fazem um acordo e o turista pode conhecer um número mínimo e máximo de países por continente. Eu conheço duas opções das três que existem de tickets, que são a Star Alliance, a One World e SkyTeam (eu não experimentei viajar por esta). Os tickets são relativamente baratos quando comparamos os benefícios que eles proporcionam (os preços estão entre 4 mil a 5 mil dólares, em média). Pelo qual mais me interessei foi o ticket da One World, porque ele contemplava países exóticos.

A primeira volta ao mundo eu fiz no sentido contrário ao que muitos viajantes costumam fazer. Comecei pelo Chile, Ilha de Páscoa, Bora Bora, Nova Zelândia. Fui seguindo em frente até chegar ao Oriente Médio e, por fim, retornei ao Brasil. Um dos principais motivos da escolha daquele ticket foi conhecer os países exóticos. Eu queria muito conhecer o Camboja, pois gostei do filme *Tomb Raider*, que foi filmado nas ruínas de Angkor Wat, e penso que provavelmente foi isso que me motivou a passar por lá.

Na primeira viagem que fiz com o João, a quem conheci pelo Orkut, fomos à Argentina e ao Uruguai. Mas, ainda na América do Sul, fui ao Chile, onde conheci o Valle Nevado. No Peru, claro que fui conhecer Machu Picchu, e na Colômbia visitei a Catedral do Sal.

Também estive na Venezuela, numa viagem na qual levei meus pais, num tempo que me marcou muito, por ter sido a primeira vez em que os levei para fora do país. Com eles também fui à Argentina,

Portugal, Itália e Los Roques, na Venezuela, na região do Caribe, onde eu visitei praticamente todas as suas ilhas (Curaçao, Los Roques, Cuba, Jamaica, Haiti, Aruba). Em Caracas, como eu dizia, toda vez que íamos a certos lugares, as pessoas tentavam trocar dinheiro, porque a moeda deles está praticamente toda desvalorizada. Em Los Roques, o que me chamou a atenção foi ver que o único veículo motorizado a circular por lá era um caminhão de lixo. Na América Latina, foram esses os países que conheci.

Depois, fui para o Panamá, Costa Rica e Cuba, país que chamou muito a minha atenção pela alegria e desprendimento das pessoas e a cultura local, que é bem temperada, bem musical até, além dos traços retrô que são possíveis de identificar. Fidel Castro ainda estava vivo quando estive em Cuba. Conheci a ilha de Cuba como sempre foi, desde a época de Che Guevara. Lembro de um médico que conheci numa praia – ele me pediu o restinho do protetor solar que eu tinha e fez umas mágicas, na tentativa de receber de nós alguma gorjeta.

Nos países da Ásia foi onde eu tive mais problemas com a comunicação. Mesmo já tendo uma boa base de inglês e espanhol, eu não sabia que naquele continente as pessoas não tinham a menor afinidade com esses idiomas, e, em alguns países, eles nem mesmo têm uma base razoável pela qual pudéssemos nos comunicar. Os asiáticos não falavam outra língua além da local e também não entendiam as línguas que eu falava.

Na China, por exemplo, quando cheguei, precisei embarcar em três táxis diferentes, tentando ir para o albergue que tinha sido

Xangai, China.

reservado. O último taxista decidiu me levar até o destino, mas depois de andar algumas quadras comigo, ele me deixou a pé no meio da cidade.

Essa viagem eu fiz com outra colega que também conheci no Orkut, como o João. Trata-se da Paula. Com ela eu fiz aquele *tour* na rua onde desembarcamos do táxi e fui procurar alguma solução para o problema de comunicação, sem saber exatamente o que poderia ser feito. Encontrei uma *lan house* em que o dono acessou um tradutor digital. Dei a ele o nome do albergue e ele fez uma busca. Logo em seguida, escreveu em mandarim, num guardanapo, o endereço que eu procurava, e assim pudemos mostrar a outro taxista e, enfim, chegarmos ao nosso destino depois de boas horas "batendo cabeça" por aí.

Distante do *glamour* e da maquiagem que o capitalismo e a indústria do turismo podem fazer naquilo que é a condição normal do morador de qualquer cidade do planeta, nas viagens que faço em modo econômico, a proposta é conhecer o maior número de lugares possíveis, a cultura, a religião, o cotidiano, e sentir-se quase como um local. Eu sempre procuro ter maior contato com a cultura, com a religião e com os costumes.

Fui para o Butão, por exemplo, por ser um país onde a religião oficial é o budismo, e não há outra expressão de fé no país. Chamo o Butão de o "PIB da felicidade", onde o povo é regido por uma monarquia, há templos milenares – estima-se que haja 2 mil templos e monastérios, alguns deles construídos nas encostas de montanhas rochosas do Himalaia, local de difícil acesso, e animais de espécimes endêmicas.

Assim, fazer uma volta ao mundo nesse estilo vai além de passar a noite em lugares mais simples e rústicos. O estilo envolve mais do que apenas um leito para deitar a cabeça cansada no final do dia. Na hora de matar a fome, por exemplo, eu não como em albergues, mas em lugares muito básicos, típicos e baratos, nas ruas. Com o João, certa vez entramos em uma portinha que parecia mais uma borracharia brasileira; mas quando estávamos lá dentro, tivemos a experiência de comer em um restaurante típico, o que sempre foi uma experiência enriquecedora para mim.

Catmandu, Nepal.

Em 2007, na primeira volta ao mundo, retornei para casa praticamente "a pé" (porque tinha vendido o meu carro) e sem um tostão no bolso. Em 2009 eu decidi dar a segunda volta ao mundo, e dessa vez fui pela África, pois queria conhecer os safaris. Depois subi e fui parar na Turquia, para poder entrar no Oriente Médio, região que queria conhecer um pouco melhor. Nessa viagem, fui em busca de coisas diferentes, pois já tinha outra cabeça em relação a viagens e culturas.

Quando cheguei à Coreia do Sul, o meu próximo destino seria as Filipinas, mas eu cometi um erro. Ao sair do Brasil, o meu passaporte ainda tinha sete meses de validade e depois de dois meses na estrada, ele ainda contava com cinco meses de validade até necessitar de renovação. Ao me preparar para embarcar para as Filipinas, soube que o passaporte deveria ter pelo menos seis meses de validade, mesmo que fosse ficar apenas uma semana no país. No entanto, tudo já estava programado no país e pago: hotel, carro, passeios. Graças ao modelo de viagens por tickets, eu pude reprogramar um novo destino rapidamente.

Tive que descobrir qual país poderia me aceitar naquela condição do passaporte e soube que era possível embarcar da Coreia do Sul para o Japão. E foi o que eu fiz.

No Japão, já na primeira noite eu enfrentei um terremoto. Não sofri muito, porque o quarto ficava no piso térreo, onde durante os terremotos é um local que treme menos. No Japão, tudo é muito caro.

Assim que cheguei no país, fui sacar US$ 200 para as primeiras despesas. No caixa eletrônico, ouvi a contagem das notas e, assim como no Brasil, imaginei que fosse sair um bolo de dinheiro. Mas quando terminou a contagem eletrônica, a máquina me entregou apenas uma nota.

Com ela, eu fui ao albergue pagar a hospedagem, que era bem simples, como sempre. Dormi num tatame, isto é, no chão, no melhor estilo local. Quando dei a cédula para o dono da hospedaria, ele riu e disse que com ela eu não pagaria nem uma diária ali. Aquilo me assustou, pois se a cédula de yen, a moeda do país, me custou US$ 200, vi que minhas economias todas ficariam no Japão se eu não fosse esperto

Tailândia.

o bastante para sair dali o quanto antes. Assim, no Japão eu visitei apenas algumas cidades, como Tóquio, Osaka, Quioto e Yokohama. Emiti mais cedo os meus próximos tickets e coloquei o Havaí no roteiro. Queria sair logo do Japão por conta dos terremotos, do frio, que batia a casa dos 2 graus negativos, e do alto custo.

No Havaí, tive uma experiência muito boa. Fiquei em um albergue onde só tinha militares americanos. Era um albergue muito barato e, pela presença dos militares, era possível ver diversas mochilas camufladas por toda parte. Quando estava na ilha, fiquei sabendo que minha sobrinha Letícia estava para nascer. Essa notícia marcou muito esse trecho da viagem.

Ainda no Havaí, fui conhecer um *resort*, o único *resort* da Disney que existe fora de Orlando, e ficava do lado oposto de onde eu estava hospedado na ilha. Ali vivi dias intensos, felizes, e se tornou um dos poucos lugares que tenho vontade de voltar um dia.

Uma situação comovente que vivi em minhas viagens, que é uma das coisas que não saem da minha cabeça, aconteceu em Varanasi. Em Varanasi, pude ver a fé dos indianos que, ao menos uma vez na vida, devem mergulhar no rio Ganges, cujas águas são consideradas sagradas, pois o mito diz que o rio Ganges, rio sagrado na Índia, procede do *Brahma*. Brahma teria enviado um jorro de água que destruiria os homens, mas para proteger a humanidade, a divindade *Shiva* amorteceu o impacto das águas com seus cabelos e as águas escorrem de um cacho dos cabelos de *Shiva*.

Ali, naquele rio, vi pessoas muito pobres, mas, apesar da pobreza, há uma fé rica em seus olhares. Caminhando, cheguei próximo a uma senhora agachada, olhando para o rio com uma expressão de muita fé, compenetrada, refletindo sabe-se lá sobre o quê.

Olhando todo aquele caos da fé à beira do Ganges, a paisagem era composta por uma pira acesa, onde o corpo de alguém que tinha morrido há pouco tempo era cremado e seus parentes realizavam o ritual da purificação na busca pela imortalidade daquele que se foi. Já morta, uma vaca boiava nas águas do rio, enquanto pessoas escovavam os dentes e outras se lavavam ritualmente logo pela manhã.

Cafeteria em Medellín, Colômbia.

Fiquei chocado com a imagem de um bebê enrolado num véu, e seu pai fixando pedras em seu corpinho. Eles entendem que, por não terem pecados, as crianças devem ser mergulhadas no Ganges e, para isso, amarram pedras em seu corpo, a fim de irem para o fundo do rio.

Como muitos sabem, na Índia há vacas entrando em lojas, camelos passando pelas ruas e crianças carregando gravetos, cenas comuns na paisagem de algumas cidades no país.

As experiências de minhas viagens precisam estar em mim. Gosto de guardar na memória as recordações de tudo o que vi, pois assim me envolvo mais com o que acontece. Não sou muito de ficar tirando centenas de fotos e fazendo vídeos durante as viagens. Há turistas que se preocupam tanto em tirar boas fotos, seja para guardar e vê-las depois ou para postarem, e acabam não participando daquele momento único. Vão passando pelos lugares, fotografando, postando, mas é como se estivessem apenas de passagem pelo local, sem direito a experiências pessoais marcantes.

Hoje sou bem tranquilo quanto a isso e, talvez pelo fato de ter viajado muito, eu acabo não me impressionando com as coisas que vejo, e passei a perceber o que realmente vale a pena. No começo, sim, nas primeiras viagens eu fazia muitas fotos e vídeos, mas ao longo da jornada essa preocupação foi diminuindo ao ponto em que, na última vez, registrei apenas as cenas mais bonitas ou singelas que gosto de capturar.

Em Cuba, por exemplo, vi duas meninas comendo um doce típico e aquela imagem me cativou – então, fotografei. Na Índia, como eu disse, vi uma mulher aparentemente olhando para *o nada*, numa expressão profunda de fé, e também valeu uma fotografia. Hoje eu clico cenas não tão comuns e pouco tradicionais, mas que tocam mais fundo e registram um olhar mais experiente, mais amadurecido.

Como vivemos numa era em que as coisas estão muito mais modernas do que anos atrás, uso muito as opções da tecnologia para encontrar lugares aonde ir e, com isso, deixar a viagem mais produtiva: eu acordo cedo, durmo pouco e ando muito a pé, observando e vivendo a cultura local. Eu não voo com escala; caso não tenha alternativa, eu opto por desembarcar e conhecer o país, em vez de simplesmente usá-lo para chegar a outro ponto. Como respiramos em dólar ou em euro, é preciso aproveitar bem e maximizar a viagem. Então, eu abuso dos recursos tecnológicos para aproveitar o máximo possível a minha experiência.

Além do contato pessoal, como disse, sempre trago *souvenires* de cada país aonde vou. Procuro as miniaturas, por ser o que cabe nas mochilas e por serem econômicas. Materialmente falando, não há nada que me deixe mais feliz do que as miniaturas que trago desses países. E confesso que se tem uma coisa pela qual eu sou apaixonado, são as miniaturas.

De todos os países aonde fui, pude trazer uma miniatura que fosse o símbolo daquela gente. Quando fui a Machu Picchu, trouxe uma miniatura da montanha de Huayna Picchu, onde a cidade foi construída. Quando fui à Copa no Catar, trouxe miniatura do troféu da Copa do Mundo FIFA. Taj Mahal, Torre Eiffel, Burj al Arab...

Minhas miniaturas são coisas que eu realmente amo e às quais me apego, por serem tão profundamente ligadas à minha história. Quando as vejo, me remetem a muitas coisas boas: metas, sonhos, projetos pessoais e experiências raras, as quais nunca mais se repetirão.

Ver as minhas miniaturas me dá motivação para continuar lutando. Elas são objetos que carregam um símbolo de algo que me enche de alegria. As lojas Sterna Café foram decoradas com muitas das miniaturas que tenho, a maioria delas sendo ícones de países, de identidades de povos inteiros por onde passei. Algumas das lojas Sterna Café têm na sua decoração coisas que foram minhas e eu as doei.

Da direita para esquerda: Deiverson, sua namorada, Lais, e seu amigo Jõao, na Acrópole de Atenas, Grécia.

Tenho no planejamento fazer uma viagem mais profunda à África, a partir de dezembro de 2023. Quero muito conhecer o Zimbábue e suas cataratas, ir à Madagascar, num roteiro bem diferente e exótico de se fazer.

Em Lalibela, norte da Etiópia, quero ir às igrejas subterrâneas escavadas em rocha viva há 2 mil anos. A Etiópia é o berço da civilização e do café. Tenho muita vontade de ir e é muito difícil chegar. Lá, eles fazem a cerimônia do café, usando o grão *kaffa*. A pessoa que realiza a cerimônia lava os grãos, torra e depois mói de modo rústico, com pilão. Em seguida, ferve-se o grão moído na água e serve com o pó, que fica no fundo da vasilha ou panela.

O café é servido em xícaras que não têm asas. Isso é feito assim para que se possa sentir o calor da bebida nas próprias mãos. O *kaffa* pode ser servido puro, com açúcar, com sal ou folhas de arruda e a cerimônia do café serve para reunir os amigos e para as reuniões, quando a comunidade precisa tomar decisões importantes. Eu quero trazer esse sabor e a experiência do café *kaffa* para o público brasileiro, tão logo eu consiga.

Pôr do Sol no Havaí.

POLICIA DE INVESTIGACIONES
CONTROL MIGRATORIO

SAL 05 SEP 07
CHILE
AEROPUERTO

VISITOR – Permitted to remain for ninety days from date of entry as shown below

HONG KONG
11 SEP 2007
IMMIGRATION

MACAU
PORTO EXTERIOR (P.E.305)
13 SEP 2007
Autorizado a permanecer até:
Permitted to remain until:
12 DEC 2007

IMMIGRATION
13 SEP 2007
DEPARTED
HONG KONG

MACAU (P.E.310) PORTO EXTERIOR
13 SEP 2007
PARTIDA
DEPARTURE

O que vi nos países que visitei

África

Egito – No Egito há coisas que sempre sonhei conhecer, parte dessa cultura incrível. Ver as pirâmides e a esfinge de Gizé, conhecer a história, entrar nas pirâmides, navegar no Nilo, ir a museus e conversar com as pessoas do local... Penso que todos deveriam ter a oportunidade de vivenciar isso, apesar de ser um país barulhento, poluído e não muito confiável nem seguro. Uma frase que me remete às duas experiências no país e que me enche de orgulho é "Egito, um país com 5 mil anos de história".

Cairo, Egito.

África do Sul – Passar o ano novo na Cidade do Cabo, em Waterfront, foi uma sensação incrível. Lembro-me de não ter visto fogos de artifício, uma das marcas registradas do Réveillon brasileiro. No entanto, a arquitetura com a marca da presença inglesa e a paisagem estonteante superaram qualquer expectativa. A vista da famosa *Table Mountain*, com seu incrível teleférico, as focas e pinguins no cabo da Boa Esperança, com seu cheiro não muito agradável, porém característico, são inesquecíveis. Depois, uma visita ao *Krüger Park* para uma imersão no mundo animal. A frase que me remete ao local é "África, um país com uma natureza estonteante, selvagem, animais incríveis, uma experiência única".

Oceania

Austrália – Conhecer a terra dos cangurus sempre foi um sonho, mesmo que distante. Consegui encaixar o país no roteiro durante a minha segunda volta ao mundo e aproveitei para visitar um casal de amigos. Lembro-me deles com os olhos marejando quando o trem parou na cidade de Surfers Paradise, após uma verdadeira jornada até chegar lá. Isso foi depois de um voo no novíssimo maior avião do mundo, o *Airbus* A380, em 2009, saindo de Singapura sem escalas até Sydney. Depois, embarquei em outro avião para Brisbane e ainda precisei de um trecho de trem. Nunca, jamais, outro amigo ou familiar deles os visitou. Thiago e Clarissa me receberam com muito amor. Até hoje nos lembramos daqueles dias juntos.

Uma frase que me remete ao país é: "Austrália, o Brasil que deu certo". Praias, natureza, governo que funciona, educação, saúde, segurança... Tudo funciona.

Nova Zelândia – Tenho uma gostosa lembrança de ter cruzado a ilha, de Auckland para Wellington, de trem. Foram treze horas fazendo paradas em pequenas cidades e conhecendo a paisagem que mudava a cada hora percorrida. Vales, montanhas, picos nevados, lagos, carneiros, vulcões. Foi o único país onde fui furtado. Eu falava pelo Skype com a minha mãe e, após a chamada, percebi que meu celular havia desaparecido. Depois de conferir as imagens das câmeras do hostel, percebi a entrada de uma pessoa que pegou o celular durante a chamada.

A viagem também ficou marcada pelo dia que eu joguei fora, junto a papéis sem importância, o meu ticket do ônibus que me levaria de volta ao aeroporto, onde no *locker* estavam guardados meus cartões, dólares e minhas malas. Eu tinha pouco dinheiro neozelandês, por isso me desesperei pelo erro de já ter comprado o bilhete de ida e volta do centro e acabei jogando fora o da volta. Quando abri a carteira antes do embarque, restavam apenas US$ 5 e a passagem custava US$ 10. A solução que encontrei foi entrar em um cassino e jogar. Fui perdendo de dólar em dólar até restar apenas US$ 1. Nesta última tentativa eu ganhei. Adivinha quanto? US$ 10 – com os quais pude comprar o ticket para o embarque. Meu erro foi ter guardado dinheiro, cartões e malas no *locker* do aeroporto e sair para passear com o dinheiro contado, pois era apenas uma visita rápida, era escala de dez horas na cidade.. Ou seja, aquele foi um dia para eu realmente me dar mal.

Mas a frase que me remete ao país é: "Nova Zelândia, um país com muito vento, natureza que muda a cada 100 quilômetros e muito radical". Para todo lado que se olhe você verá uma tirolesa ou um *bungee jump*, pois o país respira esportes radicais.

Samoa – A frase que me vem à lembrança é: "Na Samoa, a beleza do corpo do ocidente é diferente na Polinésia". Ou seja, quem tem mais de 150 quilos é visto como uma pessoa bonita. O padrão de beleza local é radicalmente diferente do nosso, o que me chamou a atenção. A cultura deles é muito bonita. Os homens usam saia sem o menor preconceito. As pessoas são enterradas no quintal. Nadar nas águas de Samoa também é um desafio, pois existem muitos peixes-pedra, os mais venenosos do planeta.

Polinésia Francesa – Em uma frase, "O Taiti tem muitas praias paradisíacas onde você pode pegar no colo uma arraia ou nadar com tubarões". As águas do local são incrivelmente cristalinas. Há muita vida marinha e você consegue ver inúmeros peixes, estrelas-do-mar, além de outras espécies. Na Polinésia Francesa eu fui à ilha Moorea, onde dei comida para um peixe-elétrico; basta bater a comida próxima à água que ele sai para comer. Depois, fui para Papeete e até a famosa Bora Bora.

América do Norte

México – A culinária mexicana encanta, de verdade, assim como suas pirâmides e sua história. Fui duas vezes ao México. Subi nas pirâmides Luna y Sol, visitei Chichén Itzá. O povo mexicano é alegre, e nisto se parece com o brasileiro. Tenho amigos em Monterrei, onde passei momentos incríveis. A cidade moderna e rica me chamou atenção. Como fã de futebol, fui presenteado com uma camisa oficial do Tigres.

Estados Unidos – "A terra da oportunidade". Fui mais de dez vezes para os Estados Unidos, cinco vezes só para a cidade de Nova Iorque, cinco vezes a Orlando, cinco a Miami e arredores, duas vezes para Las Vegas e estive uma vez em Los Angeles. Muitas dessas viagens foram a eventos de negócios. Tenho muitos amigos por lá, um dos poucos países do mundo onde eu moraria caso saísse do Brasil. Àquele país tive o prazer de levar meus filhos, minha mãe e, recentemente, a minha namorada. Sou apaixonado pela cultura do povo americano e pela organização que eles demonstram.

Além do Havaí, uma ilha mágica de que já falei um pouco, tenho boas recordações do *resort* da Disney Aulani.

Cafeteria em Nova Iorque, Estados Unidos.

América Central

Costa Rica – A Costa Rica em uma palavra: biodiversidade. No país, aluguei um carro e desbravei todo o território, do Atlântico ao Pacífico, de norte a sul. Levei meus filhos nessa viagem. Visitamos florestas suspensas, fizemos passeios para conhecer os animais com hábitos noturnos. Visitamos vulcões, nadamos em águas termais e, claro, tomamos muitas xícaras de café. Visitamos fazendas, conferimos modos de torrefação e cafeterias. Fiz amigos e tenho muita vontade de voltar à Costa Rica.

Curaçao – A frase para Curaçao é: "o melhor peixe que comi na minha vida". Aluguei um carro e rodei a ilha toda. Me apaixonei pela culinária local, especialmente pelos frutos do mar.

Aruba – "A cidade laranja". Colonizada pelos holandeses, tive a felicidade de estar presente no aniversário da rainha Beatriz, que inspirou o nome da minha filha. A cidade estava enfeitada de laranja, que é a cor característica dos holandeses.

Haiti – A frase para o Haiti é: "praias lindas e ruínas históricas". Estive em Labadee, conhecendo as ruínas, a cidade antiga e curtindo a linda praia. O Haiti, embora seja um país pobre e sofrido, tem um povo muito alegre e acolhedor. A religião predominante é o *voodoo*.

Jamaica – O país do *reggae*. Parece clichê, mas é verdade: o estilo de vida tranquilo, alegre, a cultura da maconha livre para rituais religiosos e para fins medicinais surpreende-nos, porque nossa cultura é bem diferente, embora estejamos relativamente próximos geograficamente. Até hoje eu compro a cerveja jamaicana *red stripe*, pela lembrança de uma tarde ensolarada em um bar em frente ao mar em Falmouth, ouvindo *reggae* ao vivo. Após dar alguns dólares jamaicanos, pedi que tocassem uma música, *Banana Boat*, e fiquei ali pensando na vida.

Panamá – "O país do canal". Cresci lendo histórias na *Enciclopédia Larousse Cultural* do meu pai, coleção com mais de vinte grandes e pesados volumes, onde era possível ler sobre diversos assuntos (juntamente à *Barsa*, a *Larousse* era a Wikipedia da minha geração). Um dos assuntos que mais me intrigavam era a grandiosa obra de engenharia do canal do Panamá. Foi uma visita inesquecível poder ver um navio cargueiro enorme atravessando o canal, bem na minha frente. A cidade é moderna, cheia de arranha-céus, e tem uma vida noturna vibrante, com centenas de cassinos, o que também chama a atenção. Do que mais gostei no país foi tomar um *drink* na Ciudad Vieja (Cidade Velha) no *Rooftop Bar*, apreciando a vista da cidade ao anoitecer.

Cuba – O cubano é "o povo com um sorriso largo". Visitei Havana e Cayo Largo com Fidel Castro ainda vivo, ou seja, a cultura histórica desde sempre na ilha. Lá eu vi uma das praias mais bonitas do planeta! Me surpreendeu um país ter duas moedas, uma para o cidadão local, outra para os turistas, o *cup* e o *cuc*.

A pouca disponibilidade de internet fazia multidões se amontoarem próximas a um sinal de *Wi-Fi*. Me encantei com a alegria contagiante e com as músicas na ilha, apesar da tristeza vista no precário comércio, que não tem produtos suficientes para os clientes. O médico de quem falei, que fazia mágica na praia para ganhar uns trocados, queria o resto do meu protetor solar pois não tinha dinheiro para comprar um frasco.

Oriente Médio

Turquia – Uma ponte ligando Europa e Ásia. O Oriente Médio é formado por quinze países, sendo um deles a Turquia, embora haja algum tempo eles desejassem participar da União Europeia. Na Turquia, naveguei no Bósforo, visitei a quase milenar torre Gálata, em Istambul, e dormi em uma caverna na Capadócia – essas são lembranças da minha viagem a este país exuberante, cheio de cultura e história. Estive nas grandes mesquitas e também na Cisterna da Basílica, onde há duas cabeças de medusa esculpidas na base de duas colunas, que sustentam o edifício.

Israel – Israel, "o país da fé". Conhecer os lugares sagrados para três religiões monoteístas diferentes me encantou (islamismo, judaísmo e cristianismo com suas subdivisões: armênios, ortodoxos gregos e católicos romanos, além de pequenos grupos protestantes), especialmente poder fazer o percurso que Cristo fez na *Via Crucis* e visitar o local do seu sepultamento. Curiosamente, toda essa religiosidade entre fiéis e diferentes locais de culto (igrejas, mesquitas e sinagogas) está emoldurada por dezenas de soldados israelenses por toda parte, carregando metralhadoras e prontos para operar a defesa.

Catar – "A pérola do Oriente". Ao Catar eu fui para assistir à Copa do Mundo de Futebol. Foi uma experiência espetacular naquele pequeno e encantador país. A arquitetura, a tecnologia, a segurança! O Catar é um verdadeiro país de primeiro mundo onde tudo funciona.

Emirados Árabes Unidos – "O país dos arranha-céus". Eu nunca vi tantos prédios altos reunidos numa só cidade, inclusive, o maior de todos os prédios do mundo, a torre Burj Al Khalifa, com 828 metros de altura em 160 andares. As ilhas artificiais criadas em Dubai, em formato de palmeira, são um espetáculo da engenharia moderna. Nunca imaginei esquiar com muita neve, a temperaturas realmente alpinas, em um shopping em Dubai (o maior do mundo, com mais de 1200 lojas), construído no meio do deserto. A pista de esqui está num ambiente especial, a uma temperatura de 10 graus negativos – com 45 graus do lado de fora!

Petra, Jordânia. Uma das sete maravilhas do mundo.

Omã – "Um oásis no deserto". Outra experiência com a qual jamais sonhei foi dormir no deserto, mas confesso ter sido uma das experiências mais incríveis que vivi em minhas viagens. Dormir em um colchão de areia, dentro de uma cabana, no famoso deserto de Wadi Rum, olhando para o céu claro, com milhões de estrelas pontilhando acima de minha cabeça, foi realmente surreal! Durante o dia, pudemos encontrar um oásis de verdade, com árvores e água abundante. Inacreditável!

América do Sul

Ilha da Páscoa (Chile) – Dizem que alguns lugares são conhecidos como "umbigo do mundo". E a Ilha de Páscoa é um deles, com seus incríveis *moais*. Os moais são as famosas cabeças esculpidas em rocha, mais de 887 estátuas gigantescas de pedra espalhadas pela Ilha de Páscoa, feitas entre os anos 1250 e 1500 pelo povo rapanui.

Los Roques (Caribe venezuelano) – Um país simples, humilde, calmo. Lembranças de um pedaço do paraíso na terra. Uma das ilhas e praias mais lindas que já visitei.

Colômbia – "O país das montanhas". Visitei muitas fazendas de altitude na Colômbia e fiquei impressionado pela altura das montanhas, pelo trabalho difícil dos cafeicultores, tanto para plantar quanto para colher os frutos do seu trabalho.

Peru – A incrível Machu Picchu, no meio da floresta, é uma maravilha do mundo moderno que me encantou, como também a todos que vão até lá.

Chile – "A terra do vinho". Gosto muito de degustar um bom vinho e esse foi um destino certo para apreciar essa bebida. No país, visitei o Valle Nevado, onde os turistas mais corajosos se aventuravam descendo a montanha de esqui.

Argentina – "O país do tango". Levar meus pais para conhecer o estádio do Boca Juniors, a Rua Florida, o Delta do Tigre, entre outros pontos turísticos, me faz guardar na memória dias felizes em família. Da primeira vez que estive no país, João e eu tentamos nos hospedar em vários albergues, e todos diziam estar lotados e não ter vagas para nós. Numa das tentativas, João tocou o interfone e falou com sotaque portenho; o proprietário nos abriu a porta e subimos as escadas. Ao pedir o nosso passaporte e ver que éramos brasileiros, disse ter se enganado e não havia vagas disponíveis. Então, ficamos umas três horas tocando o interfone de dez em dez minutos, falando com diferentes sotaques e diferentes idiomas, até que nos hospedássemos... mas isso só conseguimos em outro albergue.

Uruguai – "Onde se saboreia a melhor *parrilla*". O Uruguai foi o meu primeiro destino de mochilão, viagem que fiz com o meu amigo João. O país é encantador, as pessoas são cordiais, o povo é calmo e as paisagens são bonitas, mesmo nas cidades. Tem a melhor *parrilla* que já comi na vida, no mercado Del Puerto.

Brasil – O meu grande amor, a minha pátria. País com belezas exuberantes, como Fernando de Noronha, o meu destino preferido, entre tantos outros pontos turísticos.

Venezuela – Caracas me assustou pela insegurança. Nunca tinha visto um tanque de guerra andando pelas ruas, com civis andando ao seu redor, naturalmente.

Paraguai – No país vizinho, me impressionou o caos, a pobreza e a quantidade de produtos falsificados.

Europa

Viena – "A cidade dos museus". Me encantei pela opulência do Palácio Belvedere, construído em estilo barroco.

Liechtenstein – País onde tem a cidade do castelo, o Castelo de Liechtenstein ou "Castelo do Conto de Fadas", que fica na cidade de mesmo nome. Aliás, há diversos castelos medievais naquele principado. Quando criança, sonhava em conhecer um castelo de verdade, e foi a primeira coisa que pensei quando decidi conhecer esse pequeno principado que fica encravado entre a Áustria e a Suíça.

Espanha – Barcelona, a cidade gótica, respira cultura, assim como toda a Europa. A Espanha foi o meu primeiro destino na Europa. Visitei Toledo, próxima a Madri, por causa de Dom Quixote.

Suíça – "O país do chocolate". Organização, povo educado, país bem conservado. Andar pelas ruas de Zurique, conhecendo as lojas de luxo e a sede dos grandes bancos foi algo que ficou na memória.

Rússia – Assisti à Copa da Rússia... na Rússia, o que foi a realização de um sonho. Conheci cidades famosas, como Rostóvia, São Petersburgo e Moscou. Estive nos monumentos e em parques, coisa que só imaginava pelos livros de história. Voltando ao Brasil, fiz uma tatuagem da Catedral de São Basílio no braço e escrevi Beatriz, nome da minha filha, em russo junto à tatuagem.

São Petersburgo, Rússia.

Itália – O local de origem da minha família. Um momento emocionante que vivi na Itália foi quando estive na prefeitura de Casale Monferrato e encontrei a certidão de nascimento do meu bisavô. Saindo da prefeitura, sinos tocaram na cidadezinha, o que foi algo que beirou o místico. Foi realmente emocionante. Um país lindo, com uma culinária excelente e um povo encantador.

País de Gales – O país dos penhascos. Assisti a uma final de *Champions League* naquele lugar. Ver dois gols do Cristiano Ronaldo ao vivo foi realmente inesquecível!

Visita a Casale Monferrato, Itália.
Cidade dos trisavós de
Deiverson Migliatti.

Holanda – O país das flores e dos moinhos. Passei um Ano-Novo na Holanda, país que tem muita arte e cultura por todo lugar onde se possa olhar.

Vaticano – A cidade-estado da fé. Levei meus pais ao Vaticano, o que também foi uma viagem inesquecível, pela família humilde que conseguiu vencer e ver seu sonho se materializando em uma viagem de fé.

Alemanha – A terra da cerveja. A cidade de Colônia me impressionou pela culinária, pelas cervejas e pela arquitetura, além da vida noturna agitadíssima.

República Tcheca – Com suas cidades medievais, a República Tcheca é adorável por suas comidas de rua. Em Praga, a capital, lembro-me de comer coisas muito diferentes na rua, como porco assado a rolete.

Eslováquia – Bratislava, a cidade das esculturas, é muito bonita. Andando pelas ruas dessa cidade antiga, começou a nevar, e a cada esquina se podia ver uma escultura, o que é um exagero, a bem da verdade.

Hungria – A capital tem o nome de Budapeste, união de duas partes distintas. Buda, a oeste do rio Danúbio, e Peste, a leste. A arquitetura é incrível, como em quase toda a Europa.

França – A cidade luz. Lembro-me, com carinho, de levar meu filho, na época com quatro anos de idade, para conhecer a Torre Eiffel, e aos sete anos, para conhecer a *EuroDisney*, nos arredores de Paris.

Cafeteria em Paris, França.

Bagã, Mianmar.

Grécia – O berço da civilização ocidental. Um dos poucos países do mundo aonde quero voltar. A Ilha de Santorini, com seu vulcão e as casinhas brancas, me surpreendeu positivamente.

Portugal – A terra dos navegadores. Conhecer o país que colonizou o Brasil sempre esteve nos meus planos.

Inglaterra – O país da monarquia. Um dos poucos lugares do planeta onde eu moraria. Adoro a vibração de Londres.

Paternon, Atenas, Grécia.

Ásia

Índia – Onde cultura e religião se encontram. Visitar a cidade de Varanasi e navegar no rio Ganges, estar na cidade fantasma, em Jaipur, a cidade rosa, e o ponto alto da viagem: conhecer o *Taj Mahal*.

Nepal – Templos e o Monte Everest. Conhecer os templos milenares e sobrevoar o Everest foram os pontos altos dessa viagem.

China – A Grande Muralha e o exército dos Guerreiros de Xian. Estive em Chengdu, onde existem ursos pandas vivendo na natureza. Depois fui ver *in loco* os Guerreiros de Xian, a Grande Muralha, a "Nova Iorque da Ásia", que é Xangai e, finalmente, a cidade mais poluída do planeta, Pequim, com seus mercados onde se vendem produtos exóticos, como cavalo-marinho ou cobra, utilizados na culinária local.

Laos – Cachoeiras, rios, e a Ronda das Almas, em Luang Prabang, um dos momentos de fé mais bonitos que já vi. Às 5h, fazendo voto de pobreza, os monges saem às ruas pegando as doações. Participei disso e me emocionei.

Cafeteria na Grécia.

Hong Kong – A montanha de Victoria Peak e o show das luzes são dois destinos aos quais se deve ir.

Mianmar – Bagã foi a capital de vários reinos em Mianmar, onde se pode visitar – se tiver muito tempo, seus 2 mil templos. Aluguei uma moto elétrica e conheci muitos deles, além de ter desbravado esse belo país.

Cidade de Bagã, Mianmar. Com seus mais de 2 mil templos.

Camboja – Angkor Wat, o templo onde foi filmado *Tomb Raider*, tem árvores gigantes que o abraçam.

Macau – O país dos cassinos.

Vietnã – Um destino e uma dura história: o rio Mekong e a guerra.

Tailândia – Phi Phi Island, o paraíso na terra, local onde comi gafanhotos, bicho de bambu e aranha tarântula... incentivado pelo João.

Singapura – No país está a piscina mais alta do mundo, a The Ritz-Carlton. Ela fica a 468,8 metros de altura, é coberta e está numa área que fica no 118º andar do edifício. As cidades são limpas, modernas e organizadas.

Malásia – O país das icônicas Petronas Tower, as torres gêmeas de Kuala Lumpur, e cavernas com esculturas.

Coreia do Sul – A terra da alta tecnologia.

Coreia do Norte – DMZ, a zona desmilitarizada. Um dos países mais fechados do mundo.

Japão – Visitei um dos principais templos de Quioto, o Kinkaku-ji. Voltei tão impressionado com o que vi que pedi para fazer uma tatuagem com o nome do meu filho em japonês junto ao desenho do templo.

Bem, em breve espero poder ampliar esta lista, dando a minha quarta volta ao mundo!

Mercado em Tóquio, Japão.

A Rota do Café
Processos de secagem

Se no processo o fruto estiver integral, a casca e outras partes, a secagem é feita desse modo e o resultado na xícara será um líquido com mais corpo e doçura. Se o grão estiver descascado, o resultado na xícara será um produto com maior suavidade e acidez.

Em geral, a secagem é feita ao sol, em espaços abertos e cimentados, sendo um processo manual, natural e lento. Revolve-se o café com pás, repetindo o processo em média vinte vezes por dia, para se obter uma secagem gradual e uniforme.

Na secagem mecânica, procura-se alcançar a umidade ideal dos grãos, que deve estar na faixa dos 11%.

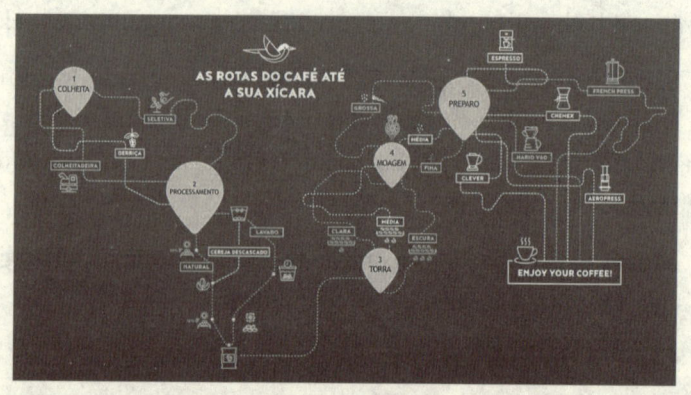

A rota do café, de sua colheita ao preparo.

Entrando no mundo das franquias

Eu não sabia o que era um CNPJ quando saí das Casas Bahia, em 1º de abril de 2009 – sim, fui demitido no "Dia da Mentira". Além de não saber o que era um CNPJ, também não tinha ideia das rotinas, dificuldades, privilégios e a contribuição econômica e social de ser um empreendedor.

Desde que o navio que trouxe meus ancestrais veio da Itália para o Brasil, em 1896, trazendo aquelas famílias de operários, todos analfabetos, uma parte deles encontrou colocação nas Indústrias Matarazzo e na Cerâmica São Caetano. Em São Caetano, tem uma rua que leva o nome de um membro de nossa família: Rua João Migliatti, no Bairro Cerâmica.

Minha mãe era dona de casa, cuidava de mim e do meu irmão e não deixava a gente trabalhar, não antes de atingirmos uma certa idade. Ela tinha uma máquina de costura e sempre dava um jeito de costurar alguns bicos em panos de prato, fazia bonecas de costura e, com isso, arranjava algum recurso para meu irmão e eu.

Meu pai sempre foi muito trabalhador, tendo trabalhado na Cerâmica São Caetano, como na ZF, uma multinacional que fazia câmbios de automóveis. Depois de algum tempo, ele foi trabalhar como projetista em uma empresa que produzia carretinhas de engate para veículos. Ele não teve condições de cursar uma universidade, mas sempre esforçado, cursou ensino médio e diversos cursos técnicos. Tinha muita garra e era muito carinhoso com os filhos.

Eu comprava as cédulas antigas porque ele me levava a uma feirinha de artesanato para comermos pastel e tomarmos refrigerante; fazíamos isso uma vez por semana. Às vezes, passando por uma barraca, eu via um "dinheirinho" antigo e me apaixonava por aquilo, e tinha a facilidade de as notas serem muito baratinhas e eu poder comprar algumas de vez em quando.

Vindo de origens humildes como essa, é natural que eu tivesse aprendido a ser honesto, a trabalhar duro e ser disciplinado. Mas confesso que nunca passou pela cabeça que meus pais pudessem ter me forjado para ser um empreendedor. O conselho que meu pai dava para meu irmão e para mim era que tentássemos uma vaga na GM, indústria automotiva, ou nas Casas Bahia, ambas com sede na cidade onde morávamos. Como disse, meu irmão foi parar na GM e eu entrei nas Casas Bahia.

Quando fui demitido das Casas Bahia, procurei um financiamento do Governo e comecei a empreender, abrindo uma franquia da Subway. O sistema bancário no país sempre disponibilizou linhas de financiamento para novos negócios e ampliações dos que já existiam. Eu tinha o nome limpo, algum dinheiro da rescisão, um carro para dar de garantia (isso já foi em abril de 2009), e tentei captar o recurso do Proger, do Banco do Brasil. O Banco dava um ano de carência, dividia o montante – que originalmente foi de R$ 150 mil, para pagamento em quarenta e oito meses com juro de 0,9%. Os equipamentos adquiridos ficavam alienados fiduciariamente ao banco.

Quando eu comecei a abrir franquias da Subway foi que comecei a ver a cor do dinheiro de verdade, pela primeira vez na vida. Então eu entendi e disse: "Caramba! Ser empresário mexe com muito dinheiro". Imagine que eu comecei a vender R$ 60 mil por mês em lanches, o que em média dá R$ 2 mil de faturamento por dia. Era uma quantia que eu nunca tinha visto na vida, e isso porque a primeira unidade foi inaugurada no Shopping Praça da Moça, que é frequentado pelo público C.

Até então, eu sequer sonhava com a possibilidade de empreender. Mesmo sendo o faturamento bruto, sobrava um valor líquido muito grande para quem vinha de um regime CLT. E quando vi o volume de dinheiro que parava na minha mão, eu não quis gastar aquilo, porque entendi que do que eu dispunha, era possível segurar a maior parte para abrir mais lojas.

Seis meses depois do primeiro financiamento do Proger, para abrir a primeira loja Subway em São Paulo, tomei coragem e fiz outro financiamento no mesmo banco.

Abri a segunda loja e ambas tinham uma peculiaridade: as duas lojas foram construídas, praticamente, em madeira, por um marceneiro e eu. Embora eu tivesse seguido a aparência do projeto proposto pelo franqueador, na verdade eu não tinha reserva de capital para fazê-lo de alvenaria. Então, utilizei outros materiais, como *dry wall*, madeira ou placa cimentícia, sempre revestido com azulejo, o que deixava a aparência como a das lojas originais. Dava um bom visual quando visto por fora, mas depois de uns três meses, esse revestimento todo começava a cair. Foi um desastre. Logo eu tive que fazer uma reforma.

Eu não tinha dinheiro para fazer uma loja dentro do padrão mais elevado, mas nem por isso eu deixei de insistir na abertura da loja e comecei a ganhar dinheiro com o que eu dispunha. A segunda loja ampliou significativamente o meu faturamento, porque a segunda unidade que abri foi no Shopping Anália Franco, uma área nobre em São Paulo. O público do Anália Franco é público A/B, outra realidade se comparada à loja anterior.

Na segunda loja eu comecei a faturar R$ 200 mil por mês. Isso era divertidíssimo, porque eu chegava em casa e ia contar o dinheiro do dia no chão da sala, em cima do tapete. Nunca tinha visto tanto dinheiro na minha vida! Eu separava o faturamento por notas de cinquenta, notas de dez e os demais valores, e depois tinha que ir ao banco com aqueles pacotes de dinheiro presos por elástico.

Foi a partir desse momento que eu pensei: "Caramba, a minha vida vai ser empreender. Eu quero isso pra mim! Eu quero crescer, eu quero ter um monte de lojas".

Depois que percebi as coisas acontecendo, a cada seis meses eu buscava um financiamento novo. Eu fui atrás de outros recursos, como o Cartão BNDES, Fampe, uma linha subsidiada pelo Sebrae, *Peer-to-peer*, do segmento de *Fintechs*.

Num momento eu entrei em negócios com sócios, mesmo não tendo um centavo de recursos próprios. Nesse caso, eu chamei dez pessoas para serem minhas sócias, e a minha cota acabou saindo "de graça", porque a minha parte foi paga construindo a loja e gerenciando o projeto. Eu tive dez lojas Subway, empregando cem funcionários só nessa marca.

Até então, eu ainda não tinha uma noção clara sobre eu ser um bom empresário ou um bom empreendedor; isso veio depois de eu ter criado a Sterna Café. Até então, eu me via apenas como um franqueado, alguém que pegou carona no sucesso da marca e do negócio de outra pessoa e, como tal, eu não tinha tirado do papel um projeto meu, com identidade própria, inédita, fruto de pesquisa, de entrevistas com gente do setor, fruto de amadurecimento da ideia e tudo o mais. Eu queria voar por conta própria.

Como não tinha tirado uma ideia minha do papel, eu também nunca tinha subido no palco e tomado um microfone nas mãos para dar uma palestra sobre a minha própria atividade, e nunca tinha dado mentorias por ser uma autoridade em algum aspecto do mundo dos negócios.

Depois que eu criei a Sterna Café, após a marca começar a "andar com as próprias pernas", como dizemos, entre os anos 2015 e 2016, começaram a surgir convites para mentorar pessoas, para dar palestras, para contar a minha história de sucesso e para engajar pessoas no empreendedorismo. Foi então que entendi a dimensão mais ampla daquilo que eu descobriria ser a minha principal vocação. Então, eu pensei novamente: "Caramba! Eu acho que estou no caminho certo! Estou engajando pessoas, estou ajudando pessoas, estou mentoreando pessoas... é por aí".

Esse novo aspecto da minha atividade veio crescendo de maneira mais intensa desde 2020. A partir daquele ano, senti que houve uma guinada, porque eu ainda não tinha voltado para dar a segunda palestra no *Sebrae*, nem a segunda palestra ou aula na Associação Brasileira de Franchising (ABF), como ainda não tinha dado mentoria para várias pessoas ao mesmo tempo.

Assim, quero compartilhar com você alguns pontos relevantes desse negócio, que eu menciono quando dou palestras ou quando mentoreio pessoas que estão entrando no segmento das franquias.

ENTRANDO NO MUNDO DAS FRANQUIAS | 81

Deiverson Migliatti palestrando na Colômbia.

Antes de escolher uma marca
O que eu não fiz, mas recomendo que se faça?

Quando comecei a abrir franquias, algumas delas não deram certo, não funcionaram comigo, e hoje eu reconheço que o problema não estava na marca e certamente também não era uma questão de ponto de venda em local inapropriado. Os conselhos que eu dou para quem quer iniciar uma franquia são duas coisas que eu deveria ter feito, mas não fiz.

A primeira delas é pesquisar o mercado. Isso é óbvio? Sim, mas para algumas pessoas, ansiosas por tornarem-se proprietárias ou animadas por um aspecto isolado daquele negócio, ignoram outros aspectos tão ou mais importantes do que aquele que as atraiu. Se quiser entrar no ramo de moda, pesquise dados da moda, informações sobre o setor; se quiser entrar no ramo da pizza, pesquise dados sobre pizzarias, informações sobre o setor.

Não basta ter uma motivação se não tiver informação. E quando digo ter dados, entenda que é preciso traduzir os dados, interpretá-los, não somente reunir números atraentes, mas que podem esconder uma dura realidade.

Eu já tive a experiência de convidar um candidato a franqueado para tirar os acessórios, brincos, pulseiras e anéis, colocar um avental e uma touca e passar um tempinho na cozinha de uma cafeteria nossa. A pessoa reclamou, dizendo que sairia de lá cheirando a fritura de salgadinhos e eu disse que aquela seria a realidade dela, o dia a dia de um franqueado da Sterna Café. A pessoa disse que não era isso o que ela queria, e então nós vimos que o primeiro problema estava resolvido: ela não seria um franqueado, porque a franquia não se resume ao status de proprietário e ao valor do possível faturamento. Para se chegar a isso é preciso, antes, carregar um pouco do cheiro de salgadinhos na roupa.

A segunda coisa a se fazer é conversar com franqueados que já estão há algum tempo trabalhando com a marca. Visite suas lojas, experimente o produto, fale de suas dúvidas e peça para que eles deem um panorama do negócio em diferentes regiões onde a marca esteja presente.

Eu não fiz nada disso quando abri uma temakeria, nem quando abri loja de grelhados, nem quando abri a franquia de acessórios femininos. Assim, eu não me informei sobre as rotinas, as características e os problemas comuns àqueles segmentos. O resultado inevitável foi eu ter me dado muito mal, quando teria sido possível e muito fácil resolver alguns detalhes que fariam a diferença e dariam maior durabilidade ao meu empreendimento. Hoje as coisas estão mais fáceis e ao alcance dos candidatos, com feiras e eventos específicos, apoio do Sebrae, apoio e cursos pela Associação Brasileira de Franchising, entre outros meios para se conhecer melhor cada uma das ofertas e possibilidades de abrir o próprio negócio.

Mapeie o território antes de abrir uma loja

Quando se busca um ponto comercial para iniciar um negócio, é preciso ter em mente um alinhamento com a expectativa de faturamento. Nós temos um *software*[8] que mostra os concorrentes e o poder aquisitivo das pessoas que moram no bairro ou região, grau de instrução do público local, entre outras informações socioeconômicas importantes. Esses *softwares* analisam o mercado na região que você escolher empreender. Eu sempre gosto de olhar esse *software* e, além disso, assisto a vídeos e analiso outras variantes.

Recentemente atendi um pessoal de Curitiba que queria se tornar franqueado da Sterna Café e o *software* me mostrou que a região onde escolheram abrir a sua loja é um bom local.

A propaganda e o marketing numa rede como a Sterna Café

Nós iniciamos o nosso negócio de forma muito orgânica. As pessoas começaram a nos procurar pela qualidade do produto que oferecemos. Então, depois de passada a pandemia, entendemos que o ano de 2023 era o momento de colocar mais energia na área de propaganda e marketing.

Como eu viajo bastante, estou sempre atento aos diferentes tipos de café apreciados nos países por onde passo. Isso levando em consideração os diferentes modos de lidar com o produto ou a bebida dentro da cadeia produtiva, que vai do plantio até a xícara. Assim, a cada mês, a Sterna Café dá ao seu cliente uma experiência gastronômica que é, ao mesmo tempo, uma experiência turística, por assim dizer, quando traz para o Brasil exatamente o mesmo modo como o café é extraído e servido em diferentes partes do mundo.

---

8. Como o GeoFusion e Economapas, entre outros.

Com isso, nós sempre criamos situações diferentes dos concorrentes. Por exemplo, as nossas latas de café e de panetone têm uma tampa hermética para acomodar o nosso produto, fazendo com que ele se mantenha sempre muito próximo à situação ideal de uso. Mas não oferecemos apenas uma lata com tampa hermética; elas são confeccionadas com uma iconografia criada por artistas locais das regiões onde o café do mês nos é fornecido.

Com isso, colocamos num só produto a cultura regional, valorizamos um artista da região e o cliente leva a marca para dentro de sua casa, juntamente a todas essas outras informações, além do café que ele adquiriu. Entendemos que essa é uma forma de fazer marketing, ao ir para dentro da casa das pessoas, isto é, criando valor, agregando informações.

Certa vez fizemos um concurso cultural com os nossos clientes e o melhor desenho apresentado por eles foi parar nas latas de café, ou seja, estampou uma série de nossas latas. Nós usamos o marketing dessa forma, com coisas bonitas e com informações e histórias de pessoas, que são mais do que isso, são histórias de vida.

Empreender em uma cidade como São Paulo: o que há de positivo e quais as dificuldades para quem sonha com isso?

Um grande centro sempre oferece boas oportunidades, mas, em compensação, traz consigo a dificuldade inerente à quantidade de concorrência. Aí, estudar bem a relação do produto com a demanda pode ser o caminho para uma tomada de decisão inteligente. No caso, tomando o meu produto como exemplo, nós temos 98% dos brasileiros tomando café diariamente. São 802 xícaras por ano para cada brasileiro: e a maioria desses consumidores está em São Paulo.

Quando criei a rede e me deparei com uma quantidade enorme de concorrentes, senti que era um fator complicador. Qualquer coisa que alguém crie em São Paulo já deverá ter alguma abundância; outras pessoas já pensaram "nisso" antes. É preciso "ser muito bom", ter muita vontade e resiliência para sobreviver e se destacar numa cidade grande.

Mas há um consenso que eu costumo repetir, que é: os empreendedores que dão certo em São Paulo, darão certo em qualquer canto do Brasil. O que fizemos em São Paulo chamou a atenção de investidores em nove estados, até despertar o interesse de um grande fundo de investimentos que nos colocará em outro patamar de negócios dentro do meu segmento. Realmente, São Paulo é uma grande vitrine de oportunidades.

Vai ser difícil inovar nessa cidade, pois praticamente tudo o que se possa pretender abrir aqui, já terá dez, vinte ou trinta outros concorrentes atuantes no segmento. Imagine no mercado de cafés!

Mas, como ser diferente e agregar valor a um produto tão popular há mais de um século? Isso sem falar que eu não tive dinheiro para contratar uma equipe de especialistas na formatação da franquia... eu mesmo formatei o projeto e a expansão física da marca, estando pessoalmente em vários pontos de contato. Estamos em mais de 40 pontos hoje, e isso só na capital! As pessoas acabam nos vendo de um modo ou de outro. E eu pretendo estar em shoppings e aeroportos.

Sterna Café Mooca.

Uma oferta pessoal

Mas nem tudo é *business*, ou, em outras palavras, é preciso amar o que se faz, além do retorno financeiro que traz. Quando escolher trabalhar num segmento ou numa atividade específica, não procure tomar decisões apenas por saber qual o faturamento médio das pessoas nesse campo ou quanto dá para ganhar com isso. Faça algo que satisfaça a sua alma.

Se por um lado eu empreendo num segmento específico, os trabalhos que faço como mentor de outros empreendedores ou daqueles que estão ingressando no mundo dos negócios é uma doação do meu tempo. As palestras que ministro nas faculdades também, e eu amo fazer isso pelas pessoas.

Numa das mentorias que fiz recentemente, com um sujeito chamado Miguel, sempre às 6h da manhã, eu ouvi dele: "*Cara*, a gente que está na plataforma [de mentoria], paga uma taxa de R$ 300 por hora. É algo simbólico, e você poderia estar dormindo agora, e não está; mas você vem aqui e sei que não é por esse dinheiro que você está comigo, é para me ajudar. Quero continuar fazendo isso sempre".

Diga se há maior recompensa do que ver o reconhecimento das pessoas!? Com as mentorias, posso dar algo que me custou e custa a vida – pois é a minha história pessoal, mas que não preciso esconder das pessoas interessadas qual foi a minha trajetória, pois não somos uma elite que precisa proteger seus segredos. É muito mais prazeroso compartilhar aquilo que hoje não me custa nada repassar e ver a satisfação daquele que, como eu, está apenas começando.

Humanize a sua atividade

Recentemente, uma pessoa que conheci e que provou o café que vendemos disse a mim que havia sido criada por uma madrinha. Ela fazia um café muito ruim, segundo essa pessoa me confessou. O gosto pessoal dela é pelo café forte, sem açúcar e muito forte. Mesmo sendo ruim, o café da madrinha tinha um sabor especial, um componente muito singular, que era o afeto.

Quando me disse isso, aquela pessoa confessou ter experimentado isso num Sterna Café. A sensação que ficou foi de estar tomando o bom café afetuoso que a madrinha fazia. A experiência, na verdade, foi de estar sendo bem cuidada afetivamente numa de nossas lojas.

Essa característica de levar para a loja a experiência doméstica e humanizada, está em nosso negócio desde quando o franqueado paga a taxa de franquia e entra em nossa rede. Chamo de "Boas-vindas". A primeira coisa que eu digo é "Bem-vindo à nossa família".

Certa vez, eu estive em uma unidade *container* que temos na Rua da Consolação, em São Paulo. Eu fui visitar a unidade como cliente misterioso e tinha um atendente novo trabalhando no local. Eu me sentei e logo ele se aproximou e explicou todos os métodos de extração de café disponíveis, contou a história do café e a história do fundador. Foi bonito vê-lo contando a minha história sem saber que eu era o fundador. Aquele colaborador me proporcionou uma experiência incrível pelo modo como nossa equipe passa a ver o atendimento e o produto em si.

Existem lojas nossas com um apelo mais para o lado dos negócios, enquanto outras, que estão em hospitais, têm perfis adequados ao ambiente onde foram montadas, ao passo que outras proporcionam ao cliente tomar o seu café ao pôr do sol ouvindo o som de um violino em um ambiente mais agradável.

É muito recompensador notar a emoção das pessoas quando realizam um sonho. O seu negócio deve envolver todo o carinho possível por trás do balcão e esse carinho precisa refletir no dia a dia do seu empreendimento.

Mantenha o padrão de qualidade em alta

Em 2020, eu iniciei a aquisição de uma fábrica de salgados e bolos, processo que foi concluído em 2023. Com a aquisição da fábrica, metade dos meus problemas com o fornecimento de salgados para a rede acabaram. Uma vez que eu produzo, compro os insumos corretos, utilizo a receita correta e entrego, tenho condições de garantir 100% a qualidade daquilo que a rede de Sterna Café entrega, além de proporcionar o atendimento a outra carteira de clientes, fora da minha rede de cafeterias.

Além da fábrica e dos benefícios que ela traz, nós criamos a Universidade do Café, uma plataforma digital maravilhosa e uma *head* de treinamento que transfere o conhecimento adquirido ao longo dos anos para todos os nossos franqueados. Na Universidade do Café, ensinamos como treinar pessoas, como atender, como preparar *drinks*, como preparar o café e muito mais. Há treinamento presencial, mas essa plataforma, por ser muito engajada, amplia a possibilidade de aperfeiçoamento e melhoria na qualidade do serviço do franqueado.

Em todas a lojas franqueadas no Brasil são feitas auditorias, porque também queremos bons resultados para os nossos franqueados. O trabalho de um ano é auditado e nós reconhecemos os que mais se aproximam da excelência, com ótimos prêmios.

Atenda às expectativas dos clientes

A experiência que temos em nossa rede nos diz que as pessoas que frequentam nossas lojas podem ter expectativas bem diferentes umas das outras. Mesmo quando se abre a loja de uma marca específica, como uma marca de roupas ou acessórios, tem-se uma porcentagem maior da clientela que sabemos ter o perfil X. Mas isso não significa que 100% da sua clientela terá o mesmo perfil, de modo que isso exigirá do proprietário treinar e orientar o seu atendente a ter *feeling* para perceber as nuances do seu cliente.

Uma unidade nossa em São Paulo, instalada nos Jardins, por exemplo, recebe senhores que buscam prazer e experiência de algo gostoso, um produto de qualidade, em um ambiente tranquilo e prazeroso. Eu vejo isso em outras lojas também.

Recebi um feedback, certa vez, de que um navio parou no Porto Maravilha, no Rio de Janeiro, as pessoas desceram e foram procurar um café para tomar. Elas encontraram a Sterna e tomaram seu café num ponto turístico do Rio. E quem eram essas pessoas? Um público completamente distinto do que normalmente aquela loja recebe habitualmente.

Conheci uma pessoa que me disse desviar a sua rota, todas as terças-feiras, apenas para tomar o café da manhã numa Sterna Café. Ele não é um senhor, como na unidade da Augusta, nem um turista sedento por uma xícara de café, como no Rio de Janeiro.

Nesses casos, a mentalidade e a visão humanizadora da equipe será um diferencial de que a marca dispõe, e isso valerá para qualquer marca em que o candidato a franqueado quiser investir.

Esteja aberto ao novo

Em dezembro de 2022, estive em 4 continentes, visitei 8 países e conheci 22 cafeterias, a fim de trazer para o público brasileiro experiências novas e melhores do que as que já temos proporcionado. Eu queria me sentir em um ambiente gostoso, comer e beber bem. Era isso o que eu procurava. Confesso que estava de mente e de peito abertos, querendo conhecer cafeterias melhores do que a minha, a fim de melhorar o nosso padrão. Mas, é triste admitir que foi difícil encontrar uma loja com esse nível.

Lá fora do país eu enfrentei ruído na comunicação na hora de fazer o meu pedido. Eu tomei café queimado, vi banheiro fechado com chave, fazendo-me ter que recorrer a um atendente para que pudesse fazer algo simples e que exigia discrição. Eu estava atrás apenas de um bom café! Por outro lado, fui à Grécia "com a régua lá embaixo", isto é, com exigência baixa em relação aos lugares que visitei, e fui surpreendido positivamente. Algumas coisas que vi, quis trazer para a Sterna Café.

Três países me chamaram muita atenção em relação ao café: Mianmar, Laos e Coreia do Sul. A Coreia me surpreendeu positivamente. A quantidade de empresas de cafés especiais e a oportunidade de comprar o café especial de modo acessível é um fator positivo que poderia ser mais bem explorado no Brasil, já que somos um grande produtor.

Em Mianmar eu tive experiências de atendimento muito boas. Naquele país, eu aluguei uma moto elétrica para visitar diferentes pontos e, enquanto andava entre canaviais, notei que tinha anúncios de café por perto. Quando cheguei a uma cafeteria, parei, o atendente veio a mim e trouxe o cardápio. Eu encontrei o que queria, pedi o café. Ele perguntou de onde eu era e eu disse que sou do Brasil. Então, ele colocou uma música brasileira para tocar no sistema de som antes de me atender. Isso chamou muito a atenção e foi agradável. Depois, pediu que eu me mudasse de mesa e serviu a bebida num ponto da sua cafeteria onde eu teria a melhor experiência com a vista de uma montanha e uma plantação de arroz, típicas do país.

Depois de Mianmar, fui para o Laos e fui surpreendido por um café que bebi numa cafeteria de rua, um ponto comercial que não estava divulgado na internet. O dono do local colocou diferentes instrumentos musicais nas mesas e quem chegasse e quisesse tocar, compartilhar o seu conhecimento musical com as pessoas, poderia pegar um instrumento e tocar à vontade.

Experiências como essas me ajudam a implementar a cultura na Sterna Café que não é a própria do Brasil, embora não exclua as nossas diferenças culturais na oferta que fazemos aos nossos clientes.

Outras experiências não tão boas

Como há muitos países sem a cultura do café especial, não é difícil se deparar com um café de baixa qualidade ou mesmo não encontrar cafés por aí. Há países assim na América do Sul. Eu estive no Peru e não tive experiências boas.

Em Londres, das cinco vezes que fui, cada vez foi possível notar uma evolução. Em 2007, na primeira visita à cidade, sequer tinham cafés especiais. Já em 2022 foi possível encontrar uma cafeteria especial a cada esquina, com excelente qualidade. Os ingleses foram campeões mundiais de barismo e eu fui recebido pelo campeão em uma das viagens que fiz ao país.

Na China eles não tomam café, tomam chá. Assim, lá, o café que consegui encontrar e tomei era um café ruim, como em outros países da Ásia, onde não tive tanto prazer com esse produto. Na Oceania, de modo geral, vi poucos cafés.

Na Rússia, encontrei uma cafeteria israelense com um bom café. Embora seja um país culturalmente fechado, foi possível encontrar essa cafeteria israelense de sucesso.

De tudo isso, ficam na memória as boas lembranças e as boas experiências e, se você pretende entrar no ramo de franquias, espero ter dado um panorama, ainda que reduzido, das minhas experiências pessoais com diferentes marcas. Como este não pretende ser um livro técnico nem um manual do candidato a franqueador, quis passar uma visão a partir de outra perspectiva – que não aquela dos anúncios e propostas de negócio – para que você amplie a sua percepção de que um empreendimento é o dia a dia, é o olho no olho, são as experiências com pessoas, não somente com números e metas.

A Rota do Café
Beneficiamento, armazenagem e degustação

Depois de passar pelas etapas anteriores e atingirem os níveis de exigências ideais, como o teor de umidade, chega a hora de os grãos serem separados. Essa etapa do processo de produção do café é feita mecanicamente e considera o tamanho, a densidade ou o peso do grão, a qualidade, a sua forma e cor.

Os cafés *in natura* ou crus serão acondicionados em sacas padrão de 60 quilos e armazenados em locais livres de intempéries, sem umidade, com pouca luz e ventilação adequada para se manterem a uma temperatura ideal, que pode ser controlada.

Durante a armazenagem, um degustador ou *Q Grader* provará amostras do café de cada lote a fim de certificar-se das principais qualidades e imperfeições da safra. Ele emitirá um laudo dando àquela safra a pontuação do café dentro de uma escala que vai de 0 a 100. Entre as funções do *Q Grader* está a *blendagem*, ou mistura de diferentes lotes de cafés a fim de se obter uma mistura que dê à bebida sua composição mais completa.

M REAP AIRPORT PERMITTED
SEP 2007
OCT 2007

CAMBODIA
SIEM REAP AIRPORT
DEPARTED
1 9 SEP 20..
CODE 3019

2 2 SEP 2007

1 9 SEP 2007
UAE

De fracassos também entendemos

A palavra fracasso deve fazer parte da vida do empreendedor. Toda jornada nos negócios terá seus percalços.

Estudei em escola pública, uma das piores de São Caetano do Sul. Mesmo assim, eu me sentava nas carteiras da frente e tirava as melhores notas. Eu tinha muito medo de não ser aprovado no *vestibulinho* para entrar num colégio municipal da cidade, o que na época seria uma mudança da qualidade de ensino.

Eu estudei bastante, mas o histórico não estava ao meu favor e acabei não entrando na escola técnica em que meu irmão tinha estudado, de maior qualidade no ensino, e a minha frustração por não poder estudar onde meu irmão estudou foi grande, pois era o meu grande objetivo. Mesmo assim, fui aprovado em 11º lugar numa escola municipal, de boa qualidade, porém não era o meu maior objetivo.

No ano seguinte, prestei novamente vestibular para o ensino técnico. Eu cursava o ensino médio com ênfase em Processamento de Dados, mas queria estudar em mais uma escola estadual com curso técnico. Eu prestei, então, para mecatrônica, numa escola técnica. Lembro que meu pai me chamou e fomos no Fusquinha dele até a porta da escola para ver o resultado do exame. Eram apenas trinta vagas e nós olhávamos a lista ansiosos, numa folha de papel sulfite afixada na porta da escola. A numeração das vagas ia chegando ao final da lista e não tinha visto o meu nome ainda. Mas no 28º lugar estava eu: aprovado!

Comecei a estudar me colocando à prova para uma vaga de emprego, e também foi muito decepcionante não ter conseguido ser aprovado em algumas das empresas onde queria poder trabalhar. Fiquei de janeiro a abril sem conseguir uma aprovação e somente em maio a aprovação veio, e mesmo assim, numa prova duríssima, concorrendo com outros estagiários.

Quando fui para o mundo dos negócios, percebi que a palavra "fracasso" está mais próxima de nós do que realmente queremos. Eu não tinha experiência alguma em empreendedorismo e de cara peguei uma Subway, a nova franqueadora no país, a qual tinha visto em um anúncio de jornal.

Você já sabe que eu não tinha dinheiro para montar a franquia. Mesmo assim, assinei o contrato de franquia, paguei a taxa de franqueado, que na época era cerca de US$ 10 mil. O dólar estava cotado na casa dos R$ 3 na época. Procurei um sócio, peguei a rescisão na empresa e consegui um recurso adicional no banco para quitar em quarenta e oito parcelas. Enfrentei dificuldade ao ler os contratos de franquias e de locação e tive que contratar um advogado para me auxiliar, pois tinha um medo absurdo de aquilo não dar certo.

O primeiro quiosque que montei, em 2009, era de madeira, como eu disse, o que não poderia ser feito, e a vigilância sanitária veio ao Shopping Praça da Moça, em Diadema, interditar o meu quiosque da Subway. Ficamos fechados por um dia. Mas eu tinha que construir algo que coubesse no meu bolso, no meu orçamento, e depois de seis meses tive que construir outro, com material adequado. Com isso, comecei a aprender com os primeiros erros e a acertar mais quando abri a segunda Subway, em 2010, no Shopping Anália Franco, e o quiosque no metrô Itaquera.

Resolvi dar o quarto tiro, que seria abrir uma Subway em São Caetano do Sul. Ao lado da minha casa estava sendo construído o maior shopping da cidade, o Park Shopping São Caetano. Eu estava muito bem com a Subway e não tinha motivos para mudar a marca. Fui até lá negociar e eles autorizaram a abertura.

Durante uma reunião dos franqueados Subway, eu comentei que estava ampliando para o Park Shopping São Caetano e um dos empresários que estava presente disse que o sonho dele era abrir uma loja no mesmo shopping. Pediu para abrir em parceria comigo e eu achei que daria para fazermos o negócio. Mas ele foi na frente, negociou com o shopping, assinou o contrato de locação e o contrato da franquia e eu fiquei na mão.

Como São Caetano do Sul era a minha cidade, eu não quis abrir mão de ter um negócio ali e, então, fui ao shopping para ouvi-los. Eles sugeriram que eu abrisse uma franquia Bon Grillê, franquia de grelhados. Isso era 2011. Um Bon Grillê é como se fosse uma loja do Montana Grill, que fica em praças de alimentação em shopping centers.

Eu então estava bem com a Subway, com uma franquia aberta em 2009 e outra no começo de 2010, ambas indo muito bem. Agora, eu precisava convencer a dona Celina, que era a minha sogra na época, a se tornar minha sócia no terceiro negócio, um café no Hospital Sabará. Ela tinha ficado viúva em dezembro 2006, e à época eu era amigo da família. Ela morava em uma casa e tinha um apartamento que gerava uma renda mensal, com a qual podia pagar o plano de saúde e algumas outras pequenas despesas. Dona Celina adquiriu esse apartamento com o fruto do seu trabalho como feirante, vendendo roupas, carregando peso, acordando de madrugada, montando e desmontando sua barraca em feiras diversas, ou seja, ela não teve vida fácil, mas alcançou um grande objetivo na vida – aquilo com que muitos brasileiros ainda sonham.

Eu não tinha mais como tomar dinheiro no banco, pois tinha utilizado todos os meios e aplicado em lojas Subway. Nem mesmo o Proger eu poderia pegar, pois já tomava dois financiamentos nessa modalidade. Mas eu tinha uma linha de crédito para financiamento de imóveis e, então, tive a ideia de sugerir que ela vendesse o apartamento para mim. Ela poderia dar três respostas, tomar três decisões: poderia dizer não, poderia ter aceitado e perdido tudo no investimento que fizemos ou aceitado e obtermos sucesso. Foi a última opção que deu certo.

Ela topou, vendeu o apartamento para mim, o banco pagou a ela, e o dinheiro equivalente a 80% do valor do imóvel ela emprestou o capital para utilizarmos no investimento, que foi a inauguração da primeira cafeteria, em 2010. Mas ela ficou em dúvida sobre a diferença que o banco não deu, de 20% do valor do apartamento. Para eu poder quitar essa parte, ela ficou com 33% das cotas do negócio, tornando-se minha sócia, e eu fiquei com a quitação das parcelas do financiamento.

Essa loja de café era de outra rede de franquias. Em 2015, nós mudamos a bandeira do negócio para Sterna Café, sendo a nossa primeira unidade. Em 2019, realizamos a sua venda para um franqueado por dez vezes o valor inicial investido, num dos maiores *cases* da nossa história.

Noutra loja que inaugurei, entrei num ramo que eu não conhecia, o negócio de grelhados. O produto era perecível. Então, tinha situações em que, num dia, os clientes queriam comer picanha; então, eu descongelava dez bifes de picanhas e apareciam vinte pessoas para comer, mas não era possível descongelar na hora para atender aos clientes excedentes. Animado, no dia seguinte eu descongelava vinte bifes, mas apareciam dez pessoas para comer, e eu tinha que jogar fora as outras peças. Eu não entendia a dinâmica do negócio e não tinha afinidade com aquele ramo.

É baseado nessa situação que hoje eu tenho orientado pessoas que querem entrar no ramo das franquias, qualquer que seja a marca, produto ou o serviço, a que tenham afinidade com aquilo que irão empreender, que gostem do produto ou serviço, que se identifiquem com ele e, se for o caso de sofrerem um revés, de tomarem prejuízo, nunca desistir. Se eu tivesse desistido na minha quarta franquia, não estaria aqui para contar todas as histórias que estão neste livro. Assim, a palavra de ordem é a mesma: resiliência.

Além de não ter afinidade com o negócio de grelhados – e gostar de comer grelhados não é suficiente, pois eu gosto –, outro problema que enfrentei, apenas para testar a minha capacidade de suportar problemas, foi uma série de roubos. Tudo de ruim aconteceu naquela experiência que tive com a marca.

Se acertei três lojas de cara, na quarta eu errei feio. Finalmente, eu consegui vender a loja parcelada em quarenta e oito vezes sem juros, numa tentativa de diminuir os prejuízos.

Em seguida, decidi investir em duas lojas Morana, de acessórios femininos. Em uma delas eu quebrei, e quebrei por uma razão boba. Pessoas entravam na loja portando alicates, soltavam as peças do mostruário e as roubavam. Aquela foi uma maré de maus negócios que eu acreditava que dariam certo.

Em 2013 me tornei franqueado da rede KFC, loja que eu abri sem ter um centavo — e para isso tive que reunir dez sócios que suportaram o negócio nos primeiros anos, que foram anos muito complicados. Depois, um a um os sócios foram saindo, até que, finalmente, se tornou a loja que mais vendia entre os franqueados no Brasil.

Eu me mantive abrindo lojas Subway, que parecia ter sido a marca que melhores retornos me davam, onde tivemos os maiores faturamentos da rede no Brasil. Abri uma no Shopping Tietê Plaza, Zona Oeste da capital paulista, na época da Copa do Mundo de 2014. Eu negociei a loja na alta, em dezembro de 2013, porque o mercado estava bem aquecido em função da Copa do Mundo e das Olimpíadas que aconteceriam dois anos depois. Investi R$ 750 mil, sendo R$ 300 mil somente de luvas, fora aluguel alto, e a montagem da loja, que ficou em R$ 450 mil.

Acabada a Copa do Mundo, o mercado desaqueceu completamente. Sem ter consultado a minha situação de lojista do shopping, um representante deles me ligou oferecendo um ponto a "zero real" de luvas, ficando apenas o valor da montagem da loja por minha conta. Esse foi outro risco muito grande que eu corri, pois quase quebramos, uma vez que estávamos negociando numa situação de aquecimento do mercado, enquanto este estava desaquecido. O ponto acabou tendo um custo muito pesado, mas com muita resiliência conseguimos fazer a loja decolar, até que, por fim, acabei vendendo-a por R$ 650 mil em trinta e seis vezes.

No mundo dos negócios, é um lugar comum que os fracassos moldem toda pessoa para o sucesso, quando essa pessoa persevera, quando é resiliente e retoma o impulso para novos negócios. Os fracassos são bons para a nossa evolução, para o nosso crescimento.

Os primeiros dezoito meses como empreendedor, tendo êxito, acertando e ganhando dinheiro como nunca, fizeram-me acreditar que jamais erraria, o que é um erro grosseiro. O fracasso nos ensina a não cometer deslizes da próxima vez que nos vermos numa situação parecida, ensina-nos a andar na linha certa e a ter mais pé no chão quando fazemos novos investimentos. De certa forma, os meus fracassos me ajudaram a tentar não errar, a diminuir os pontos nos quais eu não fui tão feliz anteriormente.

Eu estava no processo de aprendizado e, em 2015, fui aos EUA conhecer e trazer uma marca de pizzas para o Brasil. Para aquele empreendimento eu tinha um grupo de sócios. Nós abrimos filiais em lugares não muito agradáveis, inapropriados para aquele produto, e mais uma vez começamos a ir muito mal. Eu não sabia, por exemplo, que o bairro da Mooca, em São Paulo, era dos italianos – e abrir uma pizzaria ali não era como ter olho em terra de cego. Ali, todos fazem bem e entendem muito do produto, e mais uma vez eu me dei muito mal, perdendo tempo e dinheiro.

No final de 2013, sendo franqueado de uma cafeteria que abri no Hospital Sabará, em 2010, fui convidado a me tornar sócio da franqueadora. Eu aceitei o convite e já no ano seguinte consegui vender vinte e duas lojas – uma arrancada boa para nós, naquela conjuntura.

No entanto, quando entrou o ano de 2015, o meu sócio, a pessoa que me convidou para associar-me a ele, aproveitando-se do fato de eu estar fora do país, em Nova Yorque, tentou me dar um golpe, expulsando-me do negócio. Recebi uma notificação dele, por e-mail, expulsando-me da sociedade. Eu havia entrado no empreendimento na baixa de mercado; realizei algumas mudanças na gestão e ampliei o leque dos franqueados, deixando a empresa na alta, e ele vislumbrou a possibilidade de se dar bem sem ter que dividir o bolo comigo.

A situação foi parar na Justiça, eu consegui demonstrar a tentativa de golpe, venci nos tribunais e fui ressarcido financeiramente – mas ficou dessa situação um forte sentimento de derrota e fracasso, porque eu investi tempo, habilidades, esforço e dinheiro em algo que queria ver prosperar. Aconteceu o que o meu planejamento previa, mas por uma falta de ética e bom senso dele, o negócio não foi adiante comigo.

Pessoas são parte dos negócios; são elas que realizam os projetos e empreendem. As relações que travamos nesse meio são relações interpessoais, ou seja, entre pessoas. Ter vocação para os negócios é maravilhoso, mas isso nos coloca numa situação ambígua, de ter que trabalhar com pessoas e nos conectarmos a elas, de ter uma relação de confiança mútua. A sensação de frustração ao sofrer uma tentativa de golpe como essa, ou mesmo problemas com sócios, é inerente, mas contornável e gera aprendizado.

Eu já tinha escutado isso do Samuel Klein, o fundador das Casas Bahia. Eu o via colocando preço nos produtos da loja e um dia ele se virou para mim e disse: "Quem tem sócio, tem patrão". Outra frase que dizia com alguma frequência é: "Nunca contrate quem você não pode demitir". Quando abri o Bon Grillê eu entendi a última, pois contratei minha mãe para me ajudar – e trabalhar junto de quem você ama nem sempre é algo que não pode interferir no bom andamento do negócio. Afinal, nem sempre é confortável dar ordens para pessoas em situações assim.

Quanto à frase sobre os sócios, descobri o que ela queria dizer da pior maneira possível – e constatei que ela era verdadeira. Eu trabalhava de segunda a domingo e também aos feriados. Certo dia, a movimentação da loja estava mais tranquila, eu fui tomar um café na praça de alimentação do shopping quando meu sócio chegou. Mas ele se aproximou de mim já dizendo: "Te peguei, hein! Não está fazendo nada". Eu respondi que ele deveria vir na hora do almoço durante os finais de semana, pois assim veria uma situação em que todos estávamos nos desdobrando para atender a clientela.

Quando coisas assim acontecem, começamos a pensar que erramos na escolha do sócio e na imaturidade que alguns sócios têm de não entenderem que ninguém, nem mesmo os funcionários, ficam *full time* focados no trabalho que tem que ser feito.

Eu realizei negócios tendo diversas sociedades, e em algumas delas eu era visto não muito diferente de um número no final do dia, quando o fechamento do caixa é feito.

No mesmo ano de 2013, passei por outra experiência de derrota terrível. Eu estava na praça de alimentação de um shopping com vários colegas empreendedores. No meio da conversa que estávamos tendo, um deles disse que tinha uma oportunidade para comprar uma loja no Shopping Santa Cruz, anexo ao metrô Santa Cruz, em São Paulo.

Ele sugeriu que comprássemos aquela loja todos juntos, com cada um dando entre R$ 100 mil e R$ 200 mil. Segundo a informação dele, a loja faturava R$ 300 mil por mês e deixava R$ 60 mil de lucro líquido. Todos os empresários que estavam à mesa levantaram as mãos e disseram que entrariam com diferentes frações do negócio; uns queriam 10%, outro queriam 20% e eu disse que estava disposto a ficar com 5%, o que representava R$ 120 mil do valor de venda à época.

Eu estava com um bom fluxo de caixa e resolvi entrar na sociedade, mas eu não sabia que aquele seria um golpe. O "cara de confiança" com quem falávamos na praça de alimentação pegou o dinheiro de todos e sumiu. Depois disso, encontrei o pai desse rapaz numa imobiliária. Abordei aquele senhor, e ele me disse que o seu filho tinha esquizofrenia, que não era um golpe, mas ele não poderia me ajudar. Eu disse que não iria tomar o golpe, que não ficaria no prejuízo, pois precisava do dinheiro. Contei a ele a minha história e ele se comoveu. Falei da minha origem e fui embora, falando que jamais tomaria esse golpe. Ele correu atrás de mim, sensibilizado, e disse que poderia me dar o valor em doze cheques de R$ 10 mil. Não foi o melhor dos mundos, mas foi melhor do que perder todo o investimento.

Para os outros futuros sócios, perder R$ 200 mil não significava muito em seus fluxos de caixa, pois eram grandes empresários; eles já tinham uma longa jornada no comércio em São Paulo. Mas para mim, naquele momento, perder R$ 120 mil seria uma tragédia.

Depois disso, abri mais lojas da KFC. Em 2014, reunidos em uma padaria, eu e mais dez empreendedores fizemos uma sociedade. Havia um excelente ponto num posto de gasolina na avenida mais movimentada de São Caetano do Sul. Uma Drogaria São Paulo funcionava no local e um espaço vazio de 300 metros estava para alugar.

Sugeri abrirmos uma praça de alimentação naquele ponto, com uma Subway, uma temakeria e um café. Fizemos a divisão das cotas com tamanhos variados, e o montante do negócio custou um milhão de reais em investimentos. Inauguramos as lojas, mas o negócio começou a ir muito mal. Os meus sócios tocavam o empreendimento e, como eu morava na cidade, todos os dias eu ia ao local e via tudo abandonado. Aquilo tinha tudo para ir bem, para dar certo, pois em parte do negócio eu já tinha alguma experiência, como no café e na Subway; além disso, estávamos num excelente ponto comercial da cidade.

Em 2015, decidi que queria comprar a parte de todos. Eles aceitaram, porque não se animaram com os primeiros resultados e queriam algo mais imediato. Algumas cotas eu comprei parceladas em quarenta e oito vezes; num dos casos, o ex-sócio usou o meu cartão BNDES para comprar uma empilhadeira e quitei a dívida com ele; para outro, negociei pagando com dois terrenos em Campinorte.

A negociação prosperou e no final do dia eu tinha comprado a parte de todos os sócios, me tornando 100% proprietário das lojas. Sozinho e sem sócios, eu coloquei *delivery* para funcionar e comecei a faturar R$ 30 mil a mais, por mês. Coloquei um policial para fazer a segurança de madrugada e a loja passou a vender mais nesse período, chegando a faturar R$ 30 mil somente durante a noite. Gastei R$ 7 mil em lâmpadas *led*, troquei a identidade visual da temakeria, diminuí o cardápio e a loja saiu de um faturamento de R$ 50 mil para R$ 70–80 mil.

Eu transformei aquele negócio abandonado e desanimador em um negócio rentável e promissor e, pouco tempo depois dessas mudanças que implementei, um senhor quis comprar, e eu realizei a venda com muito lucro, quase o dobro do investimento inicial.

Hoje, quando sou convidado para falar sobre empreendimento e franquias, eu aconselho as pessoas a tomarem cuidado com pessoas. Tenha bons advogados, não economize com memorial de relacionamento dos sócios e se for para fazer uma sociedade, que seja bem alinhada e documentada. Para quem já entrou numa relação societária fracassada, ficam essas dicas como lição.

Além disso, costumo dizer para as pessoas que tiveram alguma decepção, que sejam resilientes. Sigam em frente, acreditem, insistam, porque uma decepção no mundo dos negócios jamais precisa ser o fim da carreira.

Não nos faltam casos piores, de falência total, de endividamento, em que os protagonistas respiraram fundo, planejaram, negociaram, deram a volta por cima e hoje estão melhores do que muita gente que nunca teve uma experiência dramática para contar.

Eu aprendi a não sofrer com esses problemas pessoais. Depois que enfrentamos um, dois, cinco casos, pois isso acontece várias vezes em nossa jornada, podemos entender com maior clareza o *modus operandi* das relações pessoais no mundo dos negócios e nos tornamos mais bem preparados para novas superações, sofrendo menos quando somos decepcionados.

Desde que o mundo é mundo, existem adversários. No mundo dos negócios acontece assim também. Não costumo olhar muito para as adversidades, para as pessoas que querem o meu mal. Estou sempre de olho na frente, nas possibilidades, e procuro viver experiências diferentes.

Não acho saudável ficar se martirizando, sofrendo e remoendo quando as pessoas nos querem mal. Vivo a minha vida na expectativa de levar conhecimento para as pessoas e dando o melhor de mim. Tenho a certeza de que, fazendo assim, as coisas irão acontecer da melhor maneira possível.

Há pessoas que querem empreender, mas têm medo da competição. Concordo que há muita crueldade nesse mundo competitivo dos negócios, mas é preciso ter coragem para enfrentar isso, porque em tudo o que fazemos, sempre haverá concorrência, competição, desejo de superação de barreiras e de pessoas. Não se pode estar com medo do desconhecido e empreender é o desconhecido.

É necessário manter viva a sensação de desafio constante no mundo dos negócios.

Quando acordo pela manhã e lembro que tenho responsabilidades familiares muito grandes, eu penso e desejo conquistar coisas maiores e proporcionar para eles uma condição de vida digna. A minha motivação está na família. São meus filhos que me fazem acordar e lembrar que a minha família é responsabilidade minha, e por isso quero sempre coisas melhores. Isso dá um gás em mim.

Quero conhecer o mundo todo e poder fazer coisas incríveis. Uma coisa que tenho como meta, uma vontade pessoal, é comprar uma Land Rover Defender antiga e dar a volta ao mundo com ela. Não é pela marca, pelo status do veículo, mas porque a Land Rover é o único veículo que pode ser usado numa volta ao mundo. O veículo não tem nada funcionando automaticamente, ele é todo mecânico, o que significa facilidade de manutenção longe de casa, além de ser confortável e espaçoso.

Tenho muitos desejos e muitos sonhos a realizar ainda e eles são motivos essenciais para manter o foco e a vitalidade para levantar pela manhã e ir matar o meu leão diário. E nada de ficar pensando nos fracassos. Eles são combustíveis para o próximo empreendimento, para o próximo voo.

A Rota do Café
A torra

A torrefação é a etapa em que permite atingir os melhores sabores e aromas para cada tipo de grão. O grão é submetido a temperaturas que chegam aos 200 graus Celsius, aumentando o seu tamanho e perdendo até 20% do seu peso. A torra reduz o teor de cafeína e dá ao grão a sua cor característica.

Deiverson no cafezal. Em busca da xícara perfeita.

VISITORS PERMIT

Current for three (3) months subject to conditions of visa.

NEW ZEALAND IMMIGRATION
Manukau Immigration Office

from 07 SEP 2007

You must leave NZ before the expiry of your permit or face removal.

DIRECCION DE MIGRACION
REPUBLICA DOMINICANA
18 ABR. 2008
PERMANENTE ☐ VISA ESPECIAL ☐
(other checkboxes)

HONG KONG
13 SEP 2007
IMMIGRATION
(3592)

日期起逗留90天
VISITOR - Permitted to remain for **ninety** days from date of entry as shown below

---

IMMIGRATION
(4062)
14 SEP 2007
DEPARTED

Os sinais e as lições de sucesso

Quem tem coragem para voar, tem histórias de sucesso para contar. Mas o sucesso, geralmente, vem acompanhado de lutas, já que sem elas não teríamos vitórias.

Quando a pandemia chegou e bateu à porta do brasileiro, tive crises nervosas, ansiedade e depressão. Eu sofri com uma dor no estômago que médico nenhum sabia dizer qual era a causa. Somente depois de sofrer tudo isso, as coisas começaram melhorar novamente.

O ano de 2020 tinha sido um ano bem tenebroso. Em 2021 tivemos um faturamento razoável e, em 2022, faturamos o dobro do volume do ano anterior. Aí, no final de 2022, veio uma boa notícia.

Fundo de investimento

Eu já tinha sido abordado por alguns fundos de investimento, mas dessa vez fui abordado com uma forte proposta, que desenhava a intenção dos investidores de transformar a empresa em uma "Cacau Show do café". Era uma proposta que eu nunca tinha imaginado antes e se projetava para um futuro interessante.

Quando abri a Sterna Café, lembro-me de que muitas pessoas falavam que éramos como uma cafeteria de esquina, só que melhorada. Alguns fornecedores não se sentiam confortáveis em dizer que estavam na Sterna e que forneciam para nós. Muitos daqueles fornecedores acabaram ficando no caminho e não vieram conosco em nosso sucesso.

Aqui fica uma lição. É emocionante empreender, é emocionante ver um projeto decolando e crescendo. Mas há certas emoções, ou melhor, certas sensações, que devem ficar de fora do mundo dos negócios. A vaidade é uma delas.

A Sterna Café já tinha sido abordada por diversos fundos de investimentos que queriam negociar conosco. Vários deles passaram por nós. Inicialmente, é sedutor saber que tem gente grande, com capital, querendo investir em seu negócio. Isso, por si, já é um sinal de sucesso, indica que você está chamando a atenção positivamente. Mas, depois, eu me decepcionei com aquelas pessoas, pois eram propostas frias, interesseiras somente. Queriam analisar os números, entender melhor o mercado, estar por dentro do meu negócio sem realmente ter interesse em investir. Isso é frustrante, porque toma o seu tempo, energia e o deixa vulnerável quando se tem que falar dos números.

Agora, estamos negociando com um fundo com quem temos avançado bem. E eu escolhi avançar com eles por uma questão de família. Os donos são o pai e seus dois filhos, pessoas incríveis que trilharam uma jornada muito bonita. Criaram uma empresa em 1998, receberam o Fundo Pátria em 2015 e hoje são os maiores da América Latina no segmento deles.

Então, antes de me comprometer, eu quis saber quem era o fundador, quem era a família, quem eram os funcionários. Esse foi o primeiro cuidado que tomei para partir para a decisão afirmativa. O que aconteceu comigo no passado já me serviu de alguma coisa.

Durante as negociações, percebi que havia um propósito maior na intenção de investirem em nós; tinha o alinhamento de pessoas querendo chegar ao mesmo lugar. Comecei a analisar essas questões, como ter o mesmo propósito e as mesmas vontades, e isso me convenceu, pois sei que o dinheiro será consequência das metas e dos objetivos mais elevados que temos. Além disso, tem muito *smart money* envolvido, ou seja, eles aportarão capital, mas também muito conhecimento.

Sou um empreendedor muito pró-negócio. Sempre quero empreender e não tenho um lado pessimista nem medroso. Sempre enxergo a metade do copo cheio. Quando surgiu essa oportunidade, claro que senti medo por perder um percentual da empresa, mas aos poucos percebi que haverá um crescimento importante e me mantenho olhando o negócio mais pelo lado das oportunidades que serão geradas.

Como fica claro nas páginas anteriores, eu já fiz maus negócios. Mas até quando faço um mau negócio, tento enxergar as boas lições que posso tirar daquilo. Quando negociei uma franquia de pizzas, fui para os Estados Unidos e fiquei um mês aprendendo a fazer pizzas com os cubanos. Entrei no negócio, fiz o investimento, mas não ganhei dinheiro. E o que tirei de positivo disso? Pelo menos duas coisas: aquela experiência me abriu um interessante network e ajudou a entender como funciona uma franquia estrangeira.

A gestão

A cada ano que passa, a cada experiência na gestão dos colaboradores e dos fornecedores e parceiros, nós vamos aprendendo a tomar certos cuidados para evitar maiores males ou para eliminar totalmente situações que são próprias das relações interpessoais. É óbvio que se uma pessoa chegar mal-humorada ao local de trabalho e outra pessoa for provocar uma reação, a reação será imprevisível, mas é bem provável que ela reaja negativamente, pois estará num dia ruim. Então, sabendo disso, por que vamos mexer com quem não parece estar bem? Deixemos a pessoa à vontade e, aos poucos, as coisas voltarão ao normal.

Esse é um exemplo básico, mas que ilustra situações comuns do dia a dia de uma empresa. Hoje somos setenta franqueados, trinta colaboradores entre fábrica e franqueadora e 400 colaboradores das cafeterias, somando quinhentos colaboradores indiretos. É preciso ser mais do que um maestro para fazer essa máquina tocar a mesma música sem desafinar, tendo tanta gente envolvida.

Com uma rede de lojas e o número de colaboradores nesse patamar, cuidar disso tudo tem uma exigência por excelência, um nível de engajamento alto, competência e habilidades. Mas, basicamente, eu penso que nós encontramos o caminho (eu não diria "o segredo") de como coordenar as coisas a partir de um conceito muito básico e antigo, o conceito familiar, confiando nas pessoas e delegando a elas as tarefas dentro de suas competências e afinidades.

Em 2015, quando criei a rede, eu não tinha nenhum colaborador. O primeiro deles foi o Bruno. Eu estava abrindo um quiosque, onde seria a Sterna Café, no Cubo Itaú, em São Paulo. Bruno vinha de um projeto em que sua participação se encerrava e eu o queria comigo, no meu projeto. Eu apresentei a ideia, ele gostou e hoje o Bruno é o *head* de operações.

Depois dele veio a Dani. Ela trabalhava conosco na unidade Sterna Café Sabará, também em São Paulo. Nós pagamos a faculdade para ela e hoje Dani é a nutricionista da rede. O André é outro nome importante dentro da nossa rede. Ele era um atendente, mas se mostrava interessado. Nós pagamos um curso de barista e de mestre de torra, ele se formou e hoje é o barista-chefe da rede.

Esses são nomes-chaves desde o começo da nossa história. Mas, evidentemente, outros colaboradores se somaram com o tempo, cada um dentro de uma área da empresa ou por afinidade, mas pessoas motivadas pela causa, pela cultura do café, pelo empreendimento em si, nem sempre (ou quase nunca) pelo dinheiro. São pessoas que se mostraram responsáveis, que suportam bem quando são delegadas – e nós delegamos muito. Assim, com esse conceito quase familiar, a confiança está presente e não pode ser diferente. Mas paralelo a ela, nós estabelecemos metas como qualquer outra empresa, e cobramos pelo atingimento delas, que é o mínimo que se deve fazer.

Esse é o lado, digamos, relacional da gestão do nosso negócio, que também é apoiado pelo uso de *softwares* e sistemas que auxiliam na gestão de todo esse pessoal e dos sistemas que são utilizados na gestão da rede Sterna Café.

A despeito da conjuntura econômica

Nós, que empreendemos, temos que ser automotivados. Devemos ter visão, enxergar onde a visão de ninguém alcança, visualizar cenários e oportunidades sendo criadas onde ainda não há nada concreto. O empreendedorismo cria mundos que não existem e os torna reais, tão reais que envolve pessoas reais com suas vidas reais. Isso parece poético, mas é tão verdadeiro quanto o livro que você está lendo.

Por vezes, o empreendedor, além de visualizar possibilidades e batalhar para implementar o seu negócio, infelizmente precisa lutar contra certa maré. No Brasil, o discurso político de muitos governos (ou seria de todos os políticos?) é polido e "animador". Mas, na prática, nunca dão oportunidades reais aos empreendedores, tornando a nossa tarefa muito difícil.

Se quero importar grãos verdes da Colômbia, não posso, pois isso é proibido pelo governo, que só permite a exportação do grão verde. Certa vez, fui dar uma palestra na Colômbia e disse a eles os números que envolvem o negócio do café no Brasil e eles ficaram loucos! Os colombianos bebem três vezes menos café do que nós.

Existem várias barreiras comerciais que impedem diferentes setores da nossa economia de se desenvolverem, e muitas dessas barreiras começam no setor político. A burocratização interna prejudica a economia, e muitas vezes ela não tem relação econômica, mas outros interesses que não ficam tão aparentes aos olhos do público, do observador que não está inteirado no negócio.

Lá fora, vejo quantas oportunidades de bons negócios existem, mas que não chegam ao Brasil por inúmeros fatores muito distantes do negócio em si, e que certamente está beneficiando alguém – menos o nosso público, o nosso povo.

Há alguns anos fui a Nova Iorque. Lá, entrei numa Starbucks. Estava nevando e muito frio, algo como dois graus negativos. Eu vestia casaco, luvas e touca e, mesmo assim, tinha uma grande fila para entrar naquela cafeteria. Tive que esperar cerca de dez minutos para fazer o pedido e mais dez minutos para receber o que pedi.

Durante o tempo em que estive ali, vi pessoas entrando e saindo com suas encomendas. Enquanto eu perdia vinte minutos do meu tempo, várias pessoas entravam, iam para o *pick up place*, onde retiravam o pedido, saíam da loja e iam tomar o seu café, comer o seu salgado. Elas tinham uma ferramenta digital conectada à Receita Federal dos Estados Unidos, e podem pedir, pagar pela internet e retirar no balcão, sem ter que ficar esperando numa fila. Então, quando retornei ao Brasil, nós criamos uma ferramenta, a PWA (*Progressive Web App*), para facilitar, agilizar e melhorar a experiência do consumidor em nossas lojas.

Os caixas no Brasil, por exemplo, devem ter uma impressora fiscal – enquanto lá fora já está automatizada a operação. Agora é exigido ter outro aparelho no ponto de venda, enquanto nos Estados Unidos é possível fazer a venda por telefone. A desburocratização está muito longe de acontecer satisfatoriamente aqui.

O Brasil aproveita muito mal os seus talentos e empreendedores. Os melhores cérebros na ciência, por exemplo, migram para centros universitários ou para empresas estrangeiras fora do país, deixando de produzir e gerar riqueza aqui. Depois, quando precisamos comprar a tecnologia ou serviços que eles criaram, temos que pagar caro pelo que os próprios brasileiros produziram lá fora.

A nossa economia poderia estar muito mais forte, há anos luz de como está, não fosse a burocratização e o envolvimento político em questões que não são propriamente da alçada de políticos.

O planejamento

No início das operações, como em todo negócio, eu trabalhei muito duro com a pequena equipe. Naturalmente, o nosso crescimento foi acontecendo, mas de um modo relativamente lento, progressivo, com dificuldades naturais de uma marca nova que chega a um mercado vibrante.

As coisas começaram a melhorar muito entre 2017 e 2019. Entre as franquias que eu ainda mantinha sob a minha gestão, houve crescimento de unidades da Subway e da KFC. Eu tinha um sócio na KFC, o empreendimento que começamos com dez sócios, e na pandemia estávamos em dois sócios apenas. Em dezembro de 2022, eu vendi a minha parte – e na ocasião era a KFC que mais faturava no Brasil!

Com a Sterna Café nós vendemos muitas lojas franqueadas naquele período, e talvez tenha sido a fase de maior expansão em nossa história.

Há muitos negócios de ocasião, oportunidades que simplesmente surgem, mas quando começa um ano, é preciso ter um plano. Com a gente não é diferente. Precisamos fazer um planejamento com a equipe para os próximos meses. Não apenas para a área de marketing, mas também da área que impulsiona o crescimento da empresa.

Mas apenas isso não evita imprevistos e, quando eles acontecem, nós temos que ser realistas, pés no chão e olhos nas planilhas, pois o sonho não pode ser perdido.

Os anos de 2020 e 2021 foram os que menos faturei na vida como empreendedor. A pandemia veio de assalto contra todos nós. Isso significou perda de dinheiro e a necessidade de aportar recursos, desfazendo de capital empregado em imóveis para socorrer as empresas.

Depois veio 2022, que foi o melhor ano da história da cafeteria. Mesmo com todas as dificuldades econômicas e políticas daquele período, eu continuei olhando para o meu negócio com otimismo, analisando os hábitos de consumo do brasileiro e insistindo nos investimentos em ampliação da rede e especialização de pessoal.

Não deixei de perceber que as pessoas voltaram da pandemia e queriam estar bem e poder gastar por terem sobrevivido ao período de isolamento. Então, proporcionamos coisas agradáveis a elas, fazendo da experiência de relaxamento das medidas sanitárias algo agradável, positivo, embalados pela expectativa que elas tinham.

Aquele acabou sendo um ano que considero ter sido muito bom e de muito aprendizado. Criamos vários canais de venda que não tínhamos, e esse foi um dos motivos pelos quais esse fundo de investimentos notou a nossa atuação e se aproximou de nós para a parceria que estamos desenvolvendo.

Quando fazemos um calendário do planejamento anual, nós prevemos quantas pessoas queremos impactar. Também contemplamos nesse planejamento a abertura de novas lojas franqueadas e de lojas próprias. E não deixamos de fora a previsão para o crescimento da fábrica de salgados e do capital humano, que é o nosso time.

Agora, com a chegada do fundo de investimentos, que veio muito forte, reconhecendo o trabalho e a marca de cafeteria *premium* do Brasil, nós estamos trabalhando numa parceria para nos tornarmos a maior do Brasil no segmento de cafés especiais. Eles querem aportar um valor bem significativo para que a gente cresça mais rápido, então isso está exigindo novo desenho do nosso planejamento.

Eu tive algumas derrotas com marcas franqueadas, mas não me arrependo e não carrego trauma por isso; pelo contrário, eu absorvi cada lição negativa como aprendizado para que pudesse ter acertado em muitos outros negócios em que fui e tenho sido bem-sucedido. Hoje, com aquele aprendizado, o meu planejamento é mais preciso e realista.

Certa vez me perguntaram quem são os meus adversários. Eu pensei e respondi que são as pessoas que tomam café numa padaria, numa máquina de café ou em qualquer outra cafeteria. Teoricamente, todas essas pessoas são meus adversários. Quero que as pessoas que gostam de café, e não são poucas, em vez de tomarem seus cafés comuns, tenham vontade de ir até uma Sterna Café e sejam impactadas pelo produto.

Por trás do café que servimos há muito conhecimento envolvido. E quando a pessoa é impactada pelo conhecimento, ela se volta para aquilo com outros olhos, com outra disposição. Por isso, entendo que os meus concorrentes são todas essas pessoas que ainda não têm conhecimento sobre o que é o bom café e como podem ter acesso a ele de maneira simples e com custo justo. Por isso eu me esforço, aprendo sempre e procuro diversificar – para ter um atrativo para encantá-los. E isso faz parte do meu planejamento, da alma do meu negócio.

Obviamente, seja criativo

No mercado onde estou, as pessoas querem experiências e novidades constantemente. Os meus planos para 2023 incluem proporcionar as novidades que temos compartilhado com o nosso público e levar o maior número de brasileiros a ter a mesma experiência com bons cafés, com informação e maior conhecimento do nosso produto, que está na mesa de praticamente todos os brasileiros.

Temos conseguido ser criativos para chamar a atenção das pessoas no entorno das nossas lojas, o que é básico num negócio. Já decolamos um drone carregando uma placa com a frase: "Chegou a hora do café!" Sempre buscamos o apoio da tecnologia, trazendo experiências novas e muita qualidade. A meta para este ano é continuar fazendo isso e crescer ainda mais para os municípios do interior e outros estados.

Por isso, tenho trabalhado duro sempre. O meu dia começa às 5 da manhã. Geralmente, às 6 horas eu já estou dando mentoria para pequenos empreendedores. Costumo ter uma alimentação balanceada de segunda à sexta-feira, sem refrigerantes. Faço academia ocasionalmente e amo jogar futebol. Termino o meu dia com um jantar sempre balanceado. Leio um livro por mês e procuro manter esse hábito de ler sempre antes de dormir, até para conseguir um efeito relaxante. A minha jornada diária é muito intensa, mas sou uma pessoa que não chega atrasada nenhum minuto sequer. Consigo administrar bem o tempo.

Nos finais de semana, tenho o meu momento com a família. Raramente vou ler ou fazer exercícios. Costumo fazer viagens curtas com meus filhos e também faço passeios de crianças e de casal.

Com isso, tenho conseguido viver em paz comigo e com as pessoas que amo. Paz de espírito é fundamental em nosso mundo, nos tempos de estresse que vivemos.

Embora eu considere que todos temos que fazer a nossa parte, melhorar sempre, reciclar, aprender, crescer e evoluir, sou uma pessoa de fé. Sou católico, mas não muito praticante. Respeito todas as religiões, pois tive contato, em diversas partes do mundo, com pessoas de muita fé e não necessariamente da mesma religião que eu, o que é o mínimo para quem vive num mundo civilizado como o nosso (civilizado, embora às vezes vejamos cenas e situações de barbarismo, infelizmente). Visitei países onde a única religião era o budismo, como o Butão, e visitei a Índia, onde há diversas religiões. Acredito que as coisas acontecem na minha vida do modo como acontecem, porque tem alguém lá em cima.

Certezas

Não me considero uma pessoa que tenha certezas, e por isso esteja empreendendo do modo como tenho feito nos últimos anos. Dúvidas todos nós temos, e elas também servem para nos desafiar. Penso que sou mais movido por coragem do que por outra coisa.

Ninguém tem certeza quando toma uma decisão por iniciar um novo negócio. Em geral, vejo as pessoas seguindo diversas fórmulas que dizem como se tornarem homens de negócios, como empreender, "como isso e como aquilo". Claro que todos queremos saber o caminho das pedras e talvez fosse bom existir um manual que ensinasse isso, pois, se existisse, mais e mais pessoas seriam bem-sucedidas e o mundo teria um nível mais elevado de educação, mais elevado na área da saúde, na segurança e financeiramente estaríamos todos bem resolvidos. Por outro lado, teríamos uma vida sem desafios, sem motivação para a superação. Não penso que seria uma boa vida se tudo pudesse ser resolvido como que num passe de mágica.

Segredo para começar? Ter informação

Certa vez eu dei uma palestra no Sebrae e, ao final da minha fala, abrimos para perguntas. Uma senhora pediu licença, virou-se para mim e disse: "Estou igual a você em 2009". Eu perguntei "como assim"? Ela insistiu: "Estou igual a você em 2009". Mas eu repeti a pergunta: "Como eu estava em 2009?" Ela, então, continuou: "Sem dinheiro e querendo abrir um negócio". Ela queria que eu dissesse a ela o que fazer. Eu não encontrei outra resposta senão que ela se abastecesse com informações sobre algo que ela quisesse fazer e, principalmente, algo que gostasse de fazer, alguma atividade com a qual ela tivesse afinidade.

No segmento de serviços, não é preciso ter muitos recursos físicos, equipamentos, maquinário etc., nada de algo muito grande. Mas não basta ter somente boa vontade. É preciso ter capacidade intelectual e reunir informações. Ela estava no caminho certo quando procurou o

Sebrae, mas era preciso continuar adquirindo conhecimento sempre, aperfeiçoando-se, pois é o básico a se fazer na era da informação.

Quem não tem muitos recursos e quer começar um serviço, não precisa ir atrás de um volume considerável de capital para iniciar o seu empreendimento. Essa é a dica que dei para quem estava na plateia e fez uma pergunta nesse sentido. Há muita facilidade com as novas tecnologias que temos hoje – com R$ 10 mil se começa a colocar um empreendimento em pé, dando os primeiros passos, e a pessoa já poderá vivenciar o empreendedorismo.

Por exemplo, uma franquia de contabilidade se abre com um capital de cerca de R$ 10 mil, sem ser um contador. Contrata-se contadores sem a necessidade de muito investimento em equipamentos, luminosos etc. Agências de marketing digital também são outro tipo de empreendimento de que dispomos de franquias a baixo custo de investimento inicial.

Sempre sou abordado por colegas, amigos e até desconhecidos, e acabo engajando-os a ler livros, a assistir a palestras e mesmo a viajar. Começar a ler e assistir a palestras, vídeos, aulas e tudo sobre um segmento desejável é o caminho; não há atalhos. É preciso ter muita força de vontade e resiliência para se dar bem quando se decide empreender. Adquirir conhecimento dói, mas não existe empresa sem dor.

Mude o seu mindset

No Brasil, não estamos preparados para uma mudança de *mindset*, uma mudança de mentalidade. O Brasil não dá suporte para formarmos bons empreendedores desde a base, que é a educação fundamental.

Diferentemente dos norte-americanos e de outros países bem desenvolvidos, nós não somos educados nem formados com a filosofia do empreendedor. Todos somos forjados, desde cedo, a trabalhar como empregados, a "ser CLT" e com perfil conservador de risco.

Nesse cenário, quando algumas pessoas despontam e se destacam, é comum ouvirmos falar que "o cara está ferrando os colaboradores", "está explorando os funcionários", e só por isso está se dando bem nos negócios.

Felizmente, vejo que nos últimos anos essa mentalidade tem mudado. As pessoas têm tido maior acesso à informação com a explosão da conectividade, com o acesso à internet e a popularização e barateio dos aparelhos, especialmente os smartphones. Com mais informação, aos poucos, as pessoas vão amadurecendo, enxergando o mundo com novas lentes.

Na minha época, quando criança e adolescente, jamais uma criança diria que queria abrir um negócio e ganhar dinheiro, tal como vemos hoje alguns adolescentes ficando milionários como *influencers*, como *youtubers* e essas novas ocupações para as quais a era digital abriu espaço. Ainda que esteja em fase inicial, com pouca gente sabendo aproveitar essa onda, sou esperançoso de que isso irá mudar consideravelmente.

Família: empreendedor, não descuide da sua

Sempre bati na tecla da importância da família. Os italianos, quando vieram ao Brasil, sofreram muito. A minha família começou tendo que enfrentar uma viagem transatlântica, o que já é um desafio estressante por natureza. Tenho diversos relatos, todos frescos na memória, sobre essa história. Cresci ouvindo isso e valorizando essa garra de trabalhar, de não deixar as barreiras nos vencerem e sempre acreditar. Em nossa família, sempre tivemos muito trabalho e sempre tivemos poucos recursos financeiros.

Quando olho para trás, penso no meu bisavô e em todos os outros membros da família no Brasil e em tudo o que passaram. Há algumas boas lições que a minha família me deixa, depois de tudo. Talvez a maior seja sobre resiliência. Também aprendi com meus antepassados o respeito, a humildade e enxergar a metade do copo sempre cheia. Passamos por uma pandemia global e mesmo tendo que lutar contra os males dessa doença, continuo lutando e acreditando, porque isso está em nosso sangue.

Considero a minha família, o meu pai, minha mãe, meu irmão e minha cunhada. Considero, também, a namorada Lais, a enteada

Sophia, meus filhos Lucca e Bia, meus sobrinhos Leonardo e Letícia. Os outros familiares foram se espalhando. Aos poucos, as coisas foram melhorando para todos. Costumo fazer de tudo pelos meus pais, já que eles tiveram uma jornada muito difícil e só recentemente conseguiram ter uma situação mais confortável. Fui melhorando a vida deles enquanto morávamos juntos e depois dando a eles segurança e conforto que merecem, especialmente na área da saúde, e também algumas viagens, é claro! Meu pai está quase completando oitenta anos e a minha mãe está com quase setenta anos de idade.

Uma Porsche

Em 2019, meu ex-sócio veio até mim e disse que estávamos em um ano feliz. Em seguida, ele disse: "Vamos comprar uma Porsche". A empresa tinha um limite de crédito e fizemos a aquisição em nome da pessoa jurídica. Entendemos que aquilo poderia ser uma oportunidade e então investimos, tendo comprado uma Porsche modelo 2014.

No entanto, ninguém imaginava que teríamos que enfrentar uma pandemia pela frente. Como as receitas da empresa caíram no período, nós decidimos vender o carro. Tínhamos investido R$ 315 mil e mesmo durante a pandemia nós conseguimos vender bem; conseguimos R$ 425 mil, ou seja, ganhamos dinheiro na operação. Eu não sabia, mas esse negócio de carros de luxo dá dinheiro!

As pessoas alimentam sonhos e desejos de adquirir bens materiais, consumir coisas que se podem comprar em lugares de luxo. Eu estou na casa dos quarenta anos e talvez aprender a voar e a velejar sejam coisas que pretendo aprender. São sonhos mais de ter experiências pessoais do que bens materiais. Obviamente, no futuro, após trabalhar bastante, posso comprar um veleiro ou um avião. Mas isso não é um sonho; o sonho seria aprender a comandar esses equipamentos e ter as experiências.

Não consigo apontar para algo e dizer que aquele é o meu grande objetivo, e afirmar: "Eu vou trabalhar para comprar tal coisa". Se eu disser que tenho um grande objetivo assim, não acredite, pois não tenho.

Eu entendo que se as coisas tiverem que acontecer, elas acontecerão. Tenho amigos que foram comprando coisas ao longo do tempo. Talvez eu quisesse ter um veleiro para rodar o mundo. Mas o que me dá brilho nos olhos é a possibilidade de liberdade.

Comentei sobre a Land Rover, pela possibilidade de poder viajar em um carro próprio para dar uma volta ao mundo. Em 2020 cheguei a comprar uma em um leilão. Faço parte de grupos de aficionados por este carro e, realmente, penso em ter um dia. Assim, eu também sigo perfis de uma marca de aviões, cujo modelo é equipado com paraquedas e dá uma autonomia de voo de cinco horas. Essas são coisas de que eu gosto e analiso, mas não preciso delas para viver e ser feliz.

Assim, como deve ficar claro neste capítulo, o meu conceito de sucesso é diferente daquilo que muita gente entende ser essa condição (de sucesso) ou situação que é almejada por milhões de pessoas: ser uma pessoa bem-sucedida, ser um empreendedor de sucesso. Sucesso, para mim, é ser feliz. Não há dinheiro que pague a felicidade. O João, o meu amigo que mora em Londres, é minimalista, não tem bens materiais e posso afirmar que é o cara mais feliz que conheço – e olha que eu conheço muitos bilionários. Ser feliz genuinamente é a maior riqueza; eu acredito nisso.

A Rota do Café
Extração

A extração é um processo complexo e é o que todos fazem em suas casas, mesmo sem saber como ela influencia a bebida. Entender como a extração do café funciona pode ajudar a controlar melhor fatores como a acidez, a doçura e o equilíbrio de sua bebida e obter sempre a sua xícara perfeita. Quando "coamos" o café (realizamos a extração), centenas de compostos são extraídos dos grãos moídos pela passagem da água, indo parar na sua xícara. Esses compostos afetam diretamente o sabor e o aroma do seu café.

Para um café com sabor agradável ou ideal é preciso ajustar ao seu gosto o nível certo de extração. Por isso, conhecer o processo e entender como ele acontece é fundamental. Bebidas muito azedas podem indicar café subextraído, e sentirá mais os elementos ácidos. Uma extração mais lenta ou moagem mais fina poderá corrigir essa sensação. Café amargo pode ser resultado de extração em excesso. Uma moagem mais espessa que diminua a extração ou um tempo de extração menor pode ajustar essa situação.

Mas também há as características genéticas do café, os níveis de moagem (grãos mais finos ou mais grossos), a temperatura e a qualidade da água, além do método de filtragem. Enfim, é preciso conhecer e experimentar até encontrar a sua xícara perfeita!

Latte art, técnica sobre desenhar na espuma do leite, criando imagem em 3D.

...ASSY OF ARAB RE... ...C OF...
AT: Brasilia DF
No. 1389/...

of Issue 10/07/0...
y date 09/10/...
tion :
ber of entries :
son of travel
collected

e General Cons...

O café na minha vida

O café é mais do que um meio de ganhar dinheiro – é uma arte, uma cultura e é parte importante da nossa economia. Assim como a borracha, o café foi um dos produtos que projetaram o Brasil internacionalmente como potência produtora. Mas, ao mesmo tempo em que temos bons produtores, não beneficiamos o produto aqui, e perdemos a maior parte da receita que o produto pode gerar.

O café representa muito na vida do brasileiro; basta ver uma roda de amigos ou notar o que geralmente é servido primeiro quando famílias ou amigos visitam uns aos outros. O café é agregador social.

Quando meus antepassados chegaram ao Brasil, entrando no país pelo Rio de Janeiro, de lá muitos deles foram para as plantações de café. Foram para o Espírito Santo e Minas Gerais. Estávamos no auge do ciclo do café, que durou até 1930. A minha família veio para o Brasil naquele contexto, e depois do Rio de Janeiro, vieram para São Caetano do Sul.

A abolição da escravatura tinha acontecido e o país não tinha a mão de obra para a lavoura. Com isso, houve abertura para a imigração de europeus, por serem brancos e, ainda, por serem uma matriz étnica de maioria católica. A Igreja Católica não se animava com a possibilidade de outros grupos religiosos se estabelecerem no país, como os japoneses, que começaram a imigrar no início do século XX, depois de 1915.

Desde o começo da imigração italiana, os imigrantes vinham para o Brasil trabalhar nas lavouras de café. A história do café está intimamente ligada ao período de maior desenvolvimento do Brasil, que foi o período das duas monarquias e o início da república.

Hoje, o Brasil é o segundo maior consumidor de café do mundo, perdendo apenas para os Estados Unidos, cuja população é maior do que a nossa. Mesmo assim, somos o maior produtor e o maior exportador.

O café é a bebida mais consumida no planeta, perdendo apenas para a água. Pudera! Estatisticamente falando, o brasileiro bebe mais de oitocentas xícaras de café por ano, o que dá quase três xícaras por dia por pessoa. Além disso, é uma bebida que não se restringe a uma classe social, já que está presente na mesa de todas as classes sociais do Brasil e, assim, faz parte da cultura brasileira.

Mesmo diante de toda essa história, eu só vim saber e conhecer a qualidade do café durante as viagens ao redor do mundo. Eu mal sabia que o café se tornaria a minha paixão, o centro de tudo o que faço hoje. Atualmente, é sobre ele que eu amo falar, engajando pessoas por meio do empreendedorismo. Eu acordo todos os dias com foco no café e no negócio do café.

Visitar cafeterias pelo Brasil e experimentar como a bebida é preparada e servida em diferentes lugares é uma rotina que adotei e que enriquece a minha experiência de vida.

Como bom brasileiro (e com sangue italiano), sempre gostei de café, mas sempre tomamos café ruim, porque é o que a grande indústria impõe. Cresci numa família simples, como milhões de outras, tomando café de baixa qualidade, porém, com muito amor, feito pela avó Brasília ou por minha mãe, dona Solange. Com as viagens, descobri um mundo novo. Quando comecei com as viagens de mochilão, fora do país eu podia tomar cafés que nunca tinha tomado na vida morando no Brasil.

O meu primeiro destino da primeira volta ao mundo, em 2007, foi o Chile. O primeiro país que visitei na vida foi a Espanha, em 2005, onde comecei a conhecer cafeterias diferentes por lá. Depois fui à Nova Zelândia, onde fui impactado por uma rede de cafeterias. Em seguida fui à Ásia, onde foi o divisor de águas. Na Coréia do Sul existe uma lei que proíbe o estabelecimento de uma cafeteria próxima à outra, entre tantas que existem no país. Todas servem a bebida de ótima qualidade, e os fornecedores somos nós – os cafés de lá saem do Brasil. Isso começou a mexer com a minha cabeça e percebi essa situação no planeta todo. Por onde ia, de país em país, tinha café brasileiro.

Lá fora vi diferentes métodos de preparo do café. Fui a uma viagem visitando quatro continentes. Na Grécia, conheci um método de preparar café que nunca tinha visto antes, chamado *origami*. O método é original do Japão, o coador tem umas ranhuras e permite uma extração diferenciada (que nós chamamos de "coar"), e serve uma ou duas xícaras por extração. O grão vinha da Índia.

A cada viagem eu aprendia coisas novas, e, quando retornei ao Brasil, fiz um *workshop* com os franqueados, degustando os cafés e ensinando o que vi pelo mundo.

Oportunidade para a cadeia produtiva menos visível

Desde que criei a Sterna Café, tenho dado oportunidade para pequenos produtores colocarem seus cafés no mercado. Com isso, nós conseguimos elevar a qualidade do produto, diversificar a oferta, envolver novos clientes, movimentar e aquecer a economia local e nacional (e internacional também).

Qualquer pequeno produtor brasileiro que quiser colocar o seu café como visitante na Sterna Café, durante um mês, é bem-vindo; nós damos essa oportunidade, ela faz parte do nosso modelo de negócios. Mesmo que ele esteja vendendo a saca do seu café a um preço menor, nós pagamos o preço justo da saca, às vezes até maior do que ele tem conseguido no mercado.

Hoje, nós já temos histórias bonitas de pequenos produtores que produziram café no cerrado goiano, ou de uma mulher produtora no interior do estado, que por um mês tiveram o seu produto sendo a base de nosso cardápio em toda a rede, isto é, tendo o seu café sendo nacionalmente experimentado, onde quer que tenha um Sterna Café. Esses pequenos produtores colocaram o seu café em nossas lojas e, de repente, ele estava no Rio de Janeiro, na Faria Lima e por toda parte.

Eram produtores do sul de Minas Gerais, São Paulo, sul da Bahia, cuja produção é bem difícil de encontrar. O sucesso deles também será o nosso sucesso.

A gente quer mostrar que o Brasil tem café de qualidade; na minha opinião, o nosso café ainda é o melhor do mundo! E enquanto cafeteria, queremos continuar crescendo para nos tornarmos a melhor e maior rede de cafés do Brasil.

Quando fiz a primeira viagem pelo mundo, eu não tinha qualquer objetivo de realizar uma pesquisa sobre o café. Foi uma coincidência, uma feliz coincidência. Cansado, depois de anos de trabalho duro e sem tirar férias havia cinco anos, eu planejei "ver o mundo". Naqueles quarenta e cinco dias que tirei de férias, eu saí sem um propósito. Eu queria simplesmente conhecer o mundo e suas culturas.

Mas, no trajeto, fui impactado pelo mundo e pelo que o Brasil não tinha em 2007. Eu ficava impressionado com a quantidade de produtos que via nos mercados fora do país, com a qualidade, a variedade e as opções de coisas que facilitavam a vida das pessoas.

Fui experimentando coisas e pensando em como o Brasil estava atrasado em relação àquilo que é bom. Via produtos bons em todos os continentes e percebia haver vários negócios prósperos e diferentes por aí. Eu conheci a Subway e o KFC lá fora, pois ainda não tinham unidades no Brasil.

Quando retornei da primeira volta ao mundo, em 2007, eu já não era mais o mesmo Deiverson. Eu continuei trabalhando normalmente nas Casas Bahia, e a cada novo ano eu me mantinha focado em empreender, porque vi como isso muda vidas. Então, a primeira virada foi quando entrei no mercado das franquias e as coisas começaram a dar certo.

Em 2009 fiz outra volta ao mundo, e em 2012, a terceira.

As franquias que eu mantinha estavam crescendo e eu ganhava mais oportunidades, mas ainda não tinha um objetivo específico, pessoal, de iniciar uma marca, fosse de cerveja, de café, de vinho ou de azeite. O que eu sabia é que precisava começar alguma coisa própria, mas não sabia o quê.

Pouco a pouco, o mundo foi me provando que o café era um excelente negócio.

Eu, então, fui fazer uma pesquisa e vi que as vendas do café especial tinham crescido em 20% ao ano no Brasil. Também vi que em países da Escandinávia, como Noruega e Dinamarca, além do Japão e a Coreia do Sul, não permitem a entrada de grãos ruins de café. Ao mesmo tempo, percebi que começaram a chegar mais marcas de vinho no Brasil, como também de cervejas e chocolates, mas ninguém estava olhando com atenção para o café.

Foi aí que decidi criar a primeira rede de franquias de cafés especiais do Brasil. O sonho grande é levar café especial para todos os municípios e fazer o que a Cacau Show, do meu amigo Alexandre Costa, fez com o chocolate. Quando fiquei por dois meses no *reality show 1 Por Todos*, da Band, com o Ale, que foi uma passagem importante na minha vida, ele me disse que é possível fazer com o café o que ele fez com o chocolate.

Café com qualidade comprovada

Existe uma régua para a classificação do café que vai do 0 ao 100. Existe um órgão, que classifica os cafés, a *Specialty Coffee Association* (SCA), com escritórios nos Estados Unidos e no Reino Unido. A classificação internacional divide os cafés em tradicionais, *gourmet* e os especiais. Para ser classificado nessa régua internacional, é preciso ter a pontuação acima de 80. Os cafés que não chegam a esse patamar não podem ser classificados como especiais. Quando se vai a um mercado, é possível ver nas embalagens do café as indicações de café tradição, forte, extraforte ou *gourmet;* esses são os que não atingiram a pontuação mínima.

Quando comecei a Sterna Café, partimos de 85+ de pontuação, segundo o critério internacional. Quando se vai a um país que segue os padrões internacionais de classificação do café, pode-se perceber que o comércio coloca uma placa na vitrine sinalizando a presença do café especial. Então eu comecei a fazer isso aqui no Brasil.

Para um café ser considerado especial, para se ter um controle da qualidade desse produto, é preciso saber quem é o dono da fazenda onde é plantado, se a colheita é feita à mão ou por maquinário, qual a atitude do agricultor em relação ao produto, se o grão tem impurezas, se os grãos são do mesmo tamanho, enfim. Há uma série de requisitos que são levados em conta para o café atingir essa classificação especial.

A *Specialty Coffee Association* (SCA) analisa os seguintes aspectos num café:

- **Fragrância e aroma**: avalia-se o cheiro do café moído quando está seco e depois de entrar em contato com a água quente;
- **Sabor**: o aspecto mais observado na análise sensorial, considerando intensidade, qualidade e complexidade;
- **Finalização**: sabe aquele sabor que fica depois de você beber seu cafezinho? O júri especializado segue as regras da SCA e pondera o sabor e a duração do gostinho do café na boca;
- **Acidez**: esse aspecto contribui para a doçura e a sensação de frescor da fruta (reafirmando, o café é uma fruta), geralmente sentido no primeiro gole;
- **Corpo**: a forma do líquido na boca pode ser tanto mais intensa quanto mais leve e apresenta pontuações específicas em cada percepção;
- **Equilíbrio**: essa parte avalia como todos os aspectos se completam ou se diferenciam um do outro;
- **Doçura**: ela surge a partir de alguns carboidratos presentes na fruta, proporcionando um sabor equilibrado e suave[9].

---

9. Além desses critérios, são avaliados a ausência de defeitos no grão, a uniformidade, o resultado global e os defeitos que interferem e prejudicam a qualidade da bebida. Fonte: https://blog.coffeemais.com/pontuacao-de-cafe-entenda-o-que-e-essa-classificacao/#:~:text=Para%20ser%20considerado%20especial%20nos,revelar%20a%20pot%C3%AAncia%20dos%20caf%C3%A9s. Acesso em: 7 abr. 2023.

Depois de toda essa vivência, aprendizado, viagens, contatos e xícaras e mais xícaras de café que foram bebidas, além das sementes que meus antepassados plantaram, eu tenho um conceito próprio de café como uma das coisas que mais me agradam.

Tenho a consciência de que o café especial, como o que eu trabalho, gera saúde nas pessoas. Para quem bebe café extraforte, por exemplo, é preciso saber que ele é torrado, coloca-se fogo no café afim de obter aquela característica, mas com o fogo, queimam-se também as impurezas, em vez de eliminá-las no beneficiamento.

Eu diria para essas pessoas que realmente gostam do café, que experimentassem comprar o produto em grão, pois existem cafés especiais que não são tão caros se comparados com as marcas tradicionais de mercado. São os chamados "café de entrada". E não precisa abandonar o café coado, pois ele tem muita qualidade e não precisa de adição de açúcar.

Hoje, 80% da população brasileira bebe café coado. Como a qualidade desses cafés é baixa, eu recomendaria substituir pelo café especial, que tem até mesmo a sua cor diferente, e com isso melhorar a experiência com a bebida. O café em grão não possui impurezas, e isso é uma garantia de que a qualidade que você terá será a melhor.

Vai uma xícara aí?

THE HASHEMITE KINGDOM OF JORDAN

2 2 SEP 2007
ARRIVAL
Q.A.I.A.

REP. ORIENTAL DEL URUGUAY
ENTRADA
28 OCT 2006
PERMANENCIA

POLICIA DE INVESTIGACIONES
CONTROL MIGRATORIO

PDI
N° 3 1 AGO 07
AEROPUERTO
CHILE
124

SALIDA
3 1 OCT 2006

2 5 SEP 2006
THE HASHEMITE K...

Conclusão

Certa vez me perguntaram se sou feliz. Respondi que sim, e muito! Tenho uma máxima de que toda vez que acordasse e colocasse os pés para fora da cama sem estar feliz, eu iria em busca da minha felicidade.

A primeira vez que me lembro de ter acordado me sentindo muito infeliz, foi quando saí para procurar um emprego e disse que iria até o inferno, mas encontraria uma colocação no mercado de trabalho. Aquela foi uma frase ruim, que não deveria ter sido dita. Minha mãe me repreendeu pelo que disse e insistiu que eu tivesse fé de que as coisas dariam certo.

Mas, naquela manhã, bastou eu abrir o portão de casa e um vizinho que passava de carro me viu, deu ré e perguntou para onde eu estava indo. Era o sr. Walter. Quando eu disse que estava indo para o centro da cidade procurar emprego, ele me deu carona. No caminho, perguntou em que área queria uma vaga e eu disse que estava fazendo faculdade de desenho industrial e pensava em algo nessa área. Ele, então, me levou às Casas Bahia, onde trabalhava, entrou comigo no RH e deixamos um currículo. Dias depois eu fui chamado.

Noutra situação, em 2007, também acordei me sentindo muito infeliz por estar há cinco anos sem férias e por estar fazendo a mesma coisa há tanto tempo, sem criar nada de novo que me motivasse. Foi quando pedi para tirar trinta dias de férias e mais quinze dias a que tinha direito pelo banco de horas; consegui os quarenta e cinco dias e foi quando fiz a primeira volta ao mundo. Vendi o carro, viajei e voltei para o Brasil muito feliz, com ideias que mudaram a minha vida e têm sido boas para outras centenas de nossos colaboradores e milhares de nossos clientes.

Em 2009 eu me senti infeliz novamente, pela mesma razão: o serviço nas Casas Bahia não me desafiava, não exigia mais de mim, mas não tive coragem de pedir demissão. Então, eles tiveram essa coragem por mim e me demitiram.

Fiquei no limbo por uma semana, sem direção, mas não demorou mais do que isso para eu me levantar, sacudir a poeira e sair em busca da minha felicidade, mesmo sem ter dinheiro. Foi quando estudei os modelos de financiamento, acertei um deles e comecei a empreender.

Mais alguns anos e eu já tinha uma porção de marcas franqueadas e não estava tão feliz de novo. Foi então que criei a marca de café da qual sou proprietário hoje. Era o ano de 2015.

Na vida pessoal, lá pelo ano de 2019, ou um pouco antes, também tive um dia ruim, quando acordei de manhã me sentido infeliz, e não quis mais seguir com o meu casamento com a Fernanda Pizzorno, a mãe dos meus filhos, sócia, amiga, e quem fundou a Sterna Café comigo, por quem eu tenho grande respeito e admiração pelo ser humano que é. Claro, essa decisão foi fruto de um processo que vinha se arrastando. Aquela foi uma decisão muito difícil de se tomar, por envolver pessoas que fizeram parte muito íntima de minha vida, por envolver negócios, famílias, mas decidi me separar amigavelmente. Independente do divórcio, seguimos juntos como amigos e sócios, no desafio de crescer, eu à frente da Sterna Café e ela à frente da nossa fábrica de bolos e salgados.

Hoje sou um cara muito feliz.

No Brasil, não temos uma situação estável em muitas áreas, não temos uma economia de primeiro mundo, nem educação, saúde ou segurança confiáveis. Como disse há pouco, temos que sair e ir à luta, muitas vezes enfrentando o próprio aparelho burocrático se quisermos conquistar algo para nós, para a nossa família e marcar positivamente a nossa sociedade e a nossa geração, deixando um legado digno.

Dificuldades todos iremos enfrentar sempre. Momentos de infelicidade também, pois eles são parte integral da experiência de vida de todo ser humano.

Neste livro, contei com naturalidade sobre os meus fracassos e as minhas infelicidades, sobre as derrotas e perdas, que não foram poucas. Falei sobre frustração, traição, incompreensão, descrédito, endividamento, prejuízos, pobreza. Mas não foi apenas isso que vivi na vida. Essas experiências são todas minhas, ajudam a contar a minha história, mas eu não empaquei nas partes negativas da minha jornada.

Pelo contrário, tive muitos momentos de felicidade, inúmeras conquistas, superação, volta por cima, ganhos e lucros, felicidade, amizades, companheirismo, liberdade e satisfação. Liberdade, resiliência... Essas são duas palavras que norteiam a minha caminhada, a minha jornada como empreendedor e como ser humano.

A resiliência é necessária para permanecer no mundo dos negócios, acreditando, insistindo, perseverando, sem perder a motivação, a fé, a coragem, a criatividade e o brilho nos olhos.

Sterna Café Jardins.

Há pessoas que enfrentam resistência e dificuldades, mas saem dessas situações amargas, frias, duras. Com resiliência, nós somos espremidos, comprimidos, esmagados, mas voltamos ao mesmo estado, à forma original, tal qual entramos. Ou seja, não perdemos a nossa essência, a motivação, a fé, a coragem, a criatividade, o brilho nos olhos nem a vontade de voar.

As sternas têm seus ninhos feitos em depressões do solo, forrados com pedaços de ervas ou coisas similares. Entre um e três dias depois de nascerem, elas começam a explorar o entorno dos ninhos. Quando chega o momento de voar, precisam reunir coragem e esforço para levantar voo. Uma vez que tenham conseguido, farão uma jornada de milhares de quilômetros durante a sua vida. Irão a lugares onde muitos de nós nunca iremos e só pararão no final de suas vidas.

Voar não é para todos e, mesmo assim, os poucos que conseguem isso, não voam tanto quanto as sternas, porque é preciso coragem para voar. Que você tenha essa coragem!

Os mandamentos do "cara do café"

10 mandamentos da vida

1. Tenha uma alimentação saudável

Eu me alimento de forma muito saudável de segunda a sexta-feira. Isso inclui saladas, grelhados, peixes, sucos e zero sobremesa. Não gosto muito de doces e isso ajuda a manter o equilíbrio. Mas, aos finais de semana, a cerveja não falta e coisas nada saudáveis como pizza, hambúrguer, *hot dog* ou churrasco entram no cardápio.

2. Pratique esportes

Sou apaixonado por futebol, tanto para assistir quanto para jogar. Atualmente jogo partidas duas vezes por semana. Faço parte de um time do clube de minha cidade, Valinhos. Sou atacante. Já viajei o mundo assistindo a jogos, já fui a três Copas do Mundo e já vi uma final de *Champions League* com direito a dois gols do Cristiano Ronaldo. Faço academia três vezes por semana.

3. Tenha uma família

Amo minha namorada Lais e amo meus filhos. Tenho a Bia, de quatro anos, o Lucca, de oito anos e a Sophia, de dez anos, a enteada que considero uma filha. Levo-os ao zoológico, ao planetário, a parques, a shoppings, a cinemas, viajamos e nos divertimos muito.

4. Busque conhecimento

Sou curioso. Adoro assistir a palestras, ler livros, estudar, aprender novos idiomas, ver séries de documentários. Adoro estudar.

5. Viaje muito

Viajar é minha grande paixão, meu maior hobby. Já fui a mais de 65 países em todos os continentes.

6. Trabalhe muito

Amo trabalhar, produzir, empregar.

7. Ensine o próximo, não guarde conhecimento

Faço mentoria às 6h da manhã de forma social, voluntária. O valor recebido é doado. Dou palestras gratuitamente para o Sebrae e universidades. Costumo dizer que aprendo mais do que ensino quando me dedico a isso.

8. Seja leve, otimista. Não reclame

Sou um otimista nato, não reclamo. Prefiro ver a metade do copo cheio, sempre.

9. Empreenda

Empreender muda a vida das pessoas.

10. Tenha equilíbrio

Com planejamento, organização, mantenha o equilíbrio dos tópicos acima, a sua vida ficará muito melhor.

10 mandamentos de um negócio rentável

1. Adquira conhecimento
Cursos, palestras, mentoria, consultoria, viagem de negócios.

2. Seja um bom líder
Não adianta só "bater e assoprar", você deve ser o exemplo.

3. Seja otimista
Só reclamar, desistir, não ver adiante não levará a lugar nenhum.

4. É preciso coragem para voar
Não existe um empreendedor de sucesso medroso.

5. Trabalhe muito
Nada resiste ao trabalho.

6. Seja organizado
Do contrário, terá que fazer novamente e arcar com prejuízos.

7. Conheça muito os números do seu negócio
Informação é poder.

8. Tenha diferenciais perante o mercado
Resultados melhores só são alcançados fazendo coisas diferentes.

9. Faça muito marketing
Quem não divulga, não aparece – e não cresce.

10. Não foque apenas nas despesas, busque mais fontes de receitas
Seja multitarefa na hora de adquirir receitas.

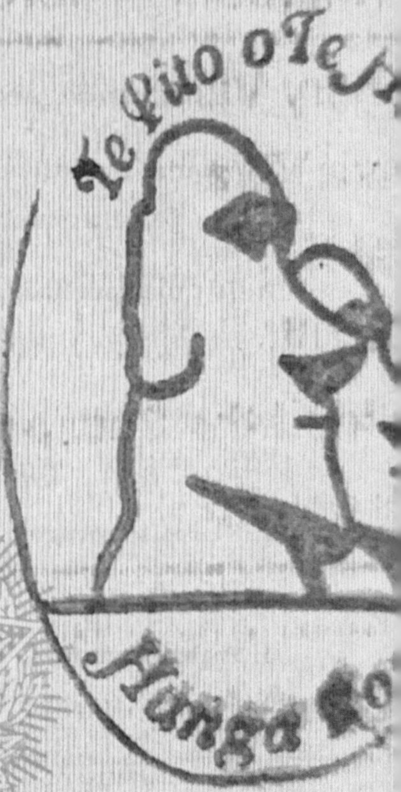

REPÚBLICA FEDERATIVA DO BRASIL
15 de Novembro de 1889

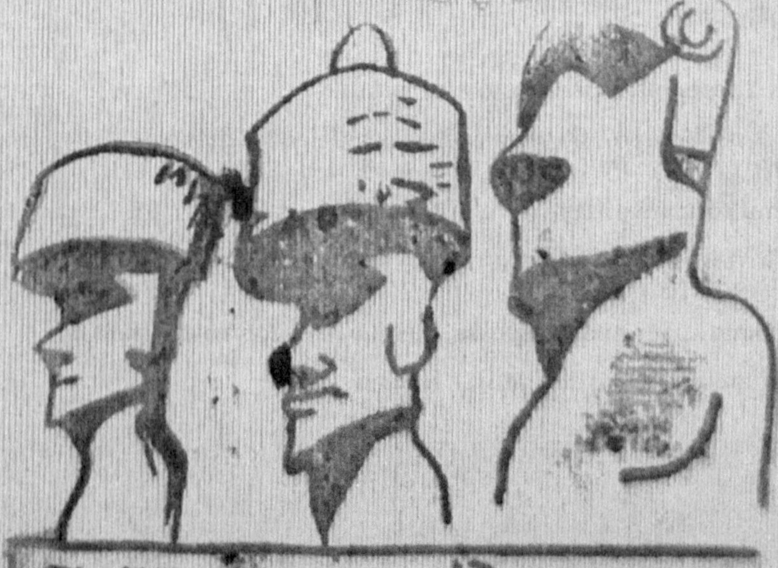

Posfácio

Sonhar é uma atividade fundamental para a vida humana, é o que chamo de PROPÓSITO. Ninguém consegue ter motivação para levantar todos os dias se não tiver um propósito, se não desejar construir/conquistar algo, sem propósitos/sonhos perdemos a vontade de estar aqui. Desde tempos imemoriais, sonhar tem sido considerado uma forma de alcançar o impossível, de transcender as limitações da realidade e de dar sentido à nossa existência.

No entanto, sonhar tem um preço, e é um preço alto. Quando sonhamos, estamos apostando em algo que ainda não existe, estamos nos entregando à incerteza do futuro e às possibilidades que ele pode trazer. Mas é essa aposta que nos mantém vivos, que nos impulsiona a buscar novos horizontes, a nos desafiar e a descobrir o que somos capazes de alcançar.

Os sonhos são o combustível da alma, a força que nos impulsiona a seguir em frente, mesmo quando tudo parece difícil e sem sentido. E é justamente nesses momentos de dificuldade que nossos sonhos se tornam ainda mais importantes, porque são eles que nos dão a coragem e a determinação para continuar lutando.

Alcançar os nossos propósitos requer esforço, perseverança e dedicação. Requer que nos esforcemos para alcançar nossos objetivos, que enfrentemos os desafios e que não desistamos diante das dificuldades. Requer que tenhamos coragem para seguir em frente, mesmo quando o caminho parece incerto e difícil.

Sem propósito, a vida perde o sentido e a esperança se dissipa. É por isso que precisamos sonhar, mesmo sabendo que isso implica em sacrifícios e desafios. Precisamos sonhar porque é isso que nos mantém vivos, é isso que nos faz acreditar que há sempre algo a ser alcançado, que há sempre um futuro melhor à nossa espera.

Então, sonhar tem um preço, mas é um preço que vale a pena pagar. É um preço que nos ajuda a encontrar nosso lugar no mundo, a realizar nossos sonhos e a viver uma vida plena e satisfatória. E, é por isso que, mesmo diante das dificuldades, devemos continuar sonhando e trabalhando duro para transformar nossos sonhos em realidade.

— **Geraldo Rufino**
Empreendedor, escritor,
palestrante e fundador da JR Diesel.

Agradecimentos

Os meus agradecimentos devem englobar muitas pessoas, e me desculpo antecipadamente caso deixe alguém de fora.

Primeiramente, aos meus pais, dona Solange e senhor Laerte, que são meu porto seguro, que me deram total apoio, sempre e incondicionalmente. Minha mãe foi uma guerreira, sempre "se virando" na confecção de algum tipo de artesanato para ajudar em casa, isso me inspirou a sempre lutar.

Meu pai, meu herói, lutou e jamais deixou nos faltar nada. Seus conselhos me ajudaram no passado e ainda hoje tenho o privilégio de contar com ele, incondicionalmente.

Ao meu irmão Anderson, que desde cedo foi uma referência para eu seguir seus passos, quer nos estudos ou na vida profissional, tendo começado a trabalhar muito cedo, e me mostrado qual caminho deveria seguir. Juntamente com Anderson, à minha cunhada Érica e aos meus amados sobrinhos, Leonardo e Letícia.

À minha avó Brasília (*in memoriam*), que partiu aos noventa e três anos de idade, e sempre foi muito carinhosa e amorosa comigo.

Ao Anderson Duran, com quem trabalhei nas Casas Bahia, e que me deu a rica e única oportunidade que mudou a minha vida definitivamente. Ele percebeu meu potencial quando ainda era estagiário e me promoveu, dando condições para que eu conquistasse o inimaginável. Sou grato porque ainda hoje mantemos a amizade sincera.

Na mesma empresa, não posso deixar de fora o Raphael Klein, com quem trabalhei diretamente e que consignou a mim oportunidades que forjaram meu perfil como empreendedor. Muito obrigado, até pela demissão, porque ela impulsionou-me de uma vez por todas a andar com minhas próprias pernas.

A Fernanda, minha ex-esposa, porém amiga e sócia, e dona Celina, minha ex-sogra, pela qual tenho grande carinho. Além da convivência, também foram de fundamental importância na construção da carreira e dos negócios que empreendo. Vocês me apoiaram em momentos que precisei, acreditaram no meu potencial ao ponto de investirem comigo seu tempo, trabalho e dinheiro. Que os nossos filhos possam receber isso como bênção de seus pais para a vida deles.

Ao João, meu melhor amigo e parceiro, que hoje mora em Londres, mas que está tão próximo quanto a distância de uma mensagem de WhatsApp. Muito obrigado pelas experiências, pelo que posso aprender com você, por sua generosidade e pelas alegrias que a sua amizade me traz.

Agradeço a todos colaboradores que em algum momento fizeram parte da minha vida, em especial ao Bruno, Tati, Dani, Érica e André, que por muitos anos nunca desconfiaram que não chegaríamos aonde chegamos. Vocês acreditaram no que escrevi num guardanapo de papel, para muitos uma simples ideia. E hoje são mais que meus colaboradores: somos uma verdadeira família.

Ao Jae Lee, pelo apoio em um momento específico da minha vida e pelas dicas e orientações que me deu.

Ao Alexandre Cunha, meu contador, e ao Mauricio Rocha da Nextsoft, que cuida do sistema de PDV da nossa empresa, pois ambos acreditaram no meu projeto.

No segmento das franquias, há muita gente boa e competente para quem estendo o meu agradecimento sincero e profundo. Eu falharia se tivesse que nomear pessoas, pois sou grato a todo o setor, a cada profissional com quem trabalhei e sei que muitos dos que estão nos bastidores também colaboram, direta e indiretamente, para o sucesso do setor. Muito obrigado a todos, de coração!

Por fim, aos meus filhos, Lucca e Beatriz, e a Sophia, minha enteada, que são uma motivação adicional e talvez a principal força pela qual eu saio da cama todos os dias.

AGRADECIMENTOS | 141

E a Laís, minha namorada, meu grande amor, que entrou em minha vida numa fase muito difícil. Sua vinda para a minha vida foi fundamental num momento tão turbulento que atravessei, e a sua presença foi um bálsamo. Uma fonte de cuidado, serenidade e resiliência que me fortalece sempre.

A todos vocês, o meu muito obrigado, de verdade, de coração, por tudo o que fizeram e fazem, por tudo o que acrescentam à minha vida como ser humano e como profissional. Que Deus os retribua à altura de quem vocês são e merecem.

Deiverson e seus amores: Laís, Sophia (dez anos), Lucca (nove anos) e Beatriz (quatro anos).

POLICIA DE INVESTIGACIONES
CONTROL MIGRATORIO

SAL 05 SEP CHILE 110

VISITOR - Permitted to remain for ninety days from date of entry as shown below

HONG KONG
11 SEP 2007

MACAU PORTO EXTERIOR (P.E.305)
13 SEP 2007

Autorizado a permanecer
Permitted to remain until:
12 DEC 2007

IMMIGRATION
13 SEP 2007
DEPARTED
HONG KONG

MACAU (P.E.310)
13 SEP 2007
PARTIDA / DEPARTURE

Current for three (6) months subject to conditions of visa

from 07 SEP 2007

PERMANENTE
DIRECCION NACIONAL DE MIGRACIONES
18 ABR. 2008

HONG KONG
13 SEP 2007
IMMIGRATION
(3592)

日期起逗留 90 天
VISITOR - Permitted to rem[ain]
for ninety days from date [of]
entry as shown below

14 SEP 2007
DEPARTED
IMMIGRATION
(4062)

Acompanhe a LVM Editora nas Redes Sociais

 https://www.facebook.com/LVMeditora/

 https://www.instagram.com/lvmeditora/

Esta edição foi preparada pela LVM Editora
com tipografia Baskerville e Clarendon BT,
em julho de 2023.